U0659669

京师哲学讲稿·通识课

哲学入门

INTRODUCTION TO PHILOSOPHY

沈湘平　著

北京师范大学出版集团
BEIJING NORMAL UNIVERSITY PUBLISHING GROUP
北京师范大学出版社

前言：从宫墙外望到初识门庭

　　"到哪儿去找哲学？我不知道她住在哪儿。为了同她交往，我曾转了很久，去找她的住处。后来，我碰见一些披着小斗篷、蓄着大胡子的人，他们说，他们是从她那里来的。我以为他们知道，便向他们打听……他们不是完全不回答，以免暴露他们的无知，就是指一个又一个的大门。直到今天，我还没有找到她的住处。"①

——琉善(Loukianos，约公元 120—180 年)

一

　　哲学是什么？这是每一个学习、研究哲学的人遇到的首要问题。在社会生活中，尽管能够系统而深入地进行哲学学习、研究的人很少，但很多人都形成了自己对哲学的种种印象。

　　哲学似乎意味着清贫，总是离现实生活很远，没有什么实际用处，很

---

① 《琉善哲学文选》，商务印书馆 2016 年版，第 98 页。

多哲学家穷困潦倒。

哲学又似乎意味着枯燥，哲学著作和理论往往是佶屈聱牙、晦涩难懂的。

哲学又像是故弄玄虚，总是将简单的东西复杂化。天下本无事，哲人自扰之！

哲学还像是政治，在我国目前的国民教育系列中，非哲学专业的哲学学习往往被列在思想政治教育的范围里。

有些人觉得哲学十分神圣、神秘，高不可攀，不是一般人能够涉足的领域，更不是一般人能够从事的事业；哲学家也被想象为不食人间烟火的"世外之人"或小众异类。

当然，在有些人的印象中，哲学其实是很平常的，没有专门学习的必要。它就侧身于各类畅销书籍、电视讲坛、精彩段子、名言俚语和影视金句之中。

德国哲学家雅斯贝尔斯（Karl Theodor Jaspers，1883—1969）说得好："哲学究竟是什么，以及它有多大价值，这是一个众说纷纭的问题……事实上，就哲学这一名称所包含的内容来说，确有许多范例证明上述所有彼此对立的意见都有其存在的理由。"①

但是，这些毕竟都只是"印象""感觉"和"意见"，并未揭示出哲学真切、本质的方面。甚至可以说，它们在很大程度上都误解了哲学。

对哲学的种种误解只能依靠对哲学较为真切的了解才能消除。要对哲学有较为真切的了解，就必须多多少少学习一点哲学，接受一定的哲学训

---

① ［德］卡尔·雅斯贝尔斯：《智慧之路》，中国国际广播出版社 1988 年版，第 1 页。

练。对于绝大多数并非哲学天才的人们来说，在踌躇于宫墙外望之时，一条帮助登堂入室的有效路径是必要的——这正是《哲学入门》得以出场的重要原因。

二

作为一门大学低年级入门课，《哲学入门》起码应该具有广告和指南的作用。

所谓广告作用就是《哲学入门》应该从"高中后"的青年学生的兴趣、欲望和生活实际出发，宣传哲学对于人生，特别是对于青年的重要性。

所谓指南作用就是《哲学入门》应该非常简洁地告诉每一个哲学的初学者：哲学有些什么独特的内容，应该怎样结合自己的兴趣进一步进入哲学具体学科、派别、著作的学习。或者说，初学者应该能借此形成一种在哲学王国漫游、探索的简易"地图"。

除开广告和指南的基本作用之外，《哲学入门》还试图渐次朝向如下目的：

一是尽量使学生在进入哲学之门之时就具有尽可能广博的视野和对哲学的高层次理解。一方面使学生不囿于某一国别、派别、部门的哲学，以尽量公正的态度面对和探究人类的哲学智慧；另一方面让学生初步学会博采众长而融会贯通，改变以往对哲学的一些误解。

二是提高学生的哲学、人文素养，促进理论思维训练。《哲学入门》从生活、文化中导入，较为广泛地涉及人文科学、社会科学、自然科学的诸多知识和人类文明的精华，有利于提高学生的综合素养。哲学的求真、反思、批判、创新的品格也必将有利于提高学生的理论修养，尤其是促进其思维训练。

三是让学生初步领略哲学的风采与精华，学会度过智慧的人生。《哲学入门》试图引导学生进行"真正的思考"，其最终目的也是最高目的是希望有助于学生化知识为方法、化知识为德性，转识成慧，形成健康、通达的人生态度，逐渐感悟智慧的生存境界。

三

德国哲学家胡塞尔（Edmund Husserl，1859—1938）曾经说过："我并不想教授，而只想引导，只是想指出和描述我所看到的东西。我并不要求别的，只是要求允许我能像每一个以其全部的真诚经历了哲学式生存的命运的人一样，首先对我自己，因此也对别人诚实地讲述。"①这也是本书作者所坚持的基本原则。

胡塞尔的学生、著名哲学家海德格尔（Martin Heidegger，1889—1976）曾经说过："如果我们现在为了要更详尽地谈论什么是哲学，长篇累牍，喋喋不休，那我们就会永远停滞不前。然而，对于有志于从事哲学的人而言，有些东西必须要知道。"②这本《哲学入门》就是"喋喋不休"地说那些有志于哲学的人所必须知道的东西。真诚希望青年朋友们能借此从宫墙外望进到初识门庭，为以后的哲学学习奠定一个良好的开端。

---

① ［德］胡塞尔：《欧洲科学的危机与超越论的现象学》，商务印书馆 2017 年版，第 32 页。
② ［德］海德格尔：《形而上学导论》，商务印书馆 2017 年版，第 10 页。

目录

——

第十一讲　人性论与人的哲学

第一讲 哲学的出场

"哲学是什么？"即使是专门从事哲学研究的人，对这个问题的回答也莫衷一是。德国古典哲学家黑格尔（Georg Wilhelm Friedrich Hegel，1770—1831）就曾经说过："哲学有一个显著的特点，与别的科学比较起来，也可以说是一个缺点，就是我们对于它的本质，对于它应该完成和能够完成的任务，有许多大不相同的看法。"[①]正如英国哲学家罗素（Bertrand Russell，1872—1970）所言，对哲学的"任何定义都将引起争议，而且已表现出一种哲学态度"[②]。当然，哲学没有公认的定义并不等于说哲学是不可捉摸的。我们可以从诸多方面去观照、逼近和刻画"哲学"。在诸多方面中，首要的是哲学得以发生的角度。或者说，我们必须从人们为什么需要哲学、哲学如何出场的角度去理解哲学。

---

① ［德］黑格尔：《哲学史讲演录》第1卷，商务印书馆2017年版，第5页。
② ［英］罗素：《西方的智慧——从苏格拉底到维特根斯坦》，上海人民出版社2017年版，第3页。

一、人是特殊的在世者

天地万物，人居其间。人类生生不息，世代更替。芸芸众生，各自有着不同的人生。每个人的人生有成功，有失败；有喜怒哀乐，有酸甜苦辣；或大气磅礴，或静谧陶然；或万众瞩目，或桃李无言……这一切都有一个可以用纯粹经验的方法来确认的前提，那就是我们首先得活着。所谓活着，就是必须在世——海德格尔所谓"在世界之中存在"（In der Welt sein）。"世界"是一个时空概念，世是时间，界是空间。人和万物一样，都存在于一定的时间、空间之中。"人不是抽象的蛰居于世界之外的存在物。人就是人的世界。"①"在世"或"在世界中"是人最基本的状态。

我们所说的世界在普遍接受的含义上，有广义和狭义之分。广义的世界就是指整个宇宙；狭义的世界一般指人类所居住的地球，尤其是生物圈。人直接交往的现实世界又可以分为三部分：自然、社会和人。

万物都在世界中存在，但只有生物才是有生命的存在即生存，而人又不同于一般生物的生存，他以生活的方式生存。生活是一种自觉的生存——不仅是自己意识到的生命活动，而且是创造生存意义的生命活动。马克思总结道：

> "动物和自己的生命活动是直接同一的。动物不把自己同自己的
> 生命活动区别开来。它就是自己的生命活动。人则使自己的生命活动

---

① 《马克思恩格斯选集》第1卷，人民出版社2012年版，第1页。

本身变成自己意志的和自己意识的对象。……有意识的生命活动把人同动物的生命活动直接区别开来。"[1]

人的存在是被自己意识到的存在，总是对自己的在世状态有所感悟和思考。这些感悟首先是或者归根结底是时间和空间方面的：相对于宇宙、世界的伟大与不朽而言，自己在空间上是渺小的，在时间上是短暂的。中国古人感慨"人生天地之间，若白驹之过隙，忽然而已"（《庄子·天下》），又若"寄蜉蝣于天地，渺沧海之一粟"（苏轼《前赤壁赋》），所谓"飘飘何所似，天地一沙鸥"（杜甫《旅夜书怀》），十分深刻和生动。

渺小和短暂是人在思考自己在世状态时最为直接的感受，其实就是领悟到了世界的无限（伟大与不朽）与自己的有限（渺小与短暂）之间的矛盾。这种领悟使人产生敬畏和焦虑：敬畏于世界的无限，焦虑于自己的有限。于是就有了"前不见古人，后不见来者，念天地之悠悠，独怆然而泣下"（陈子昂《登幽州台歌》）的感叹；有了"怅寥廓，问苍茫大地，谁主沉浮"（毛泽东《沁园春·长沙》）的疑问。但是，能认识到自己的渺小和短暂恰恰是人的高贵之处，因为只有人才能获得这种认识。法国哲学家帕斯卡尔（Blaise Pascal，1623—1662）有一段脍炙人口的名言：

"人只不过是一根苇草，是自然界最脆弱的东西；但他是一根能思想的苇草。用不着整个宇宙都拿起武器才能毁灭他；一口气、一滴水就足以致他于死命了。然而，纵使宇宙毁灭了他，人却仍然要比致他于死命的东西更高贵得多；因为他知道自己要死亡，以及宇宙对他

---

[1] 《马克思恩格斯选集》第1卷，人民出版社2012年版，第56页。

所具有的优势，而宇宙对此却一无所知。因而，我们全部的尊严就在于思想。正是由于它而不是由于我们所无法填充的空间和时间，我们才必须提高自己，因此，我们要努力好好地思想；这就是道德的原则。"①

正是因为思想，人才可以脱离当下，骛及八方而思接千载，可以包举宇内而自豪地宣称"天地在我心""万物皆备于我"。中国古代学者刘勰（467—538）曾说："生也有涯，无涯惟智"；"器分有限，智用无涯"（《文心雕龙》）。凭借思想，人试图超越自身的渺小和短暂——有限性，以达到伟大和不朽——无限性。当然，思想的尊严不止于对世界的认识和反思，还在于以认识、反思来指导生命活动，即通过人们的生命实践活动创造出一个意义的世界。

亚里士多德（Aristotle，公元前384—前322）有云：我们当尽力以求不朽！人们通过自己的生命实践活动所创造的空间上的伟大和时间上的不朽并不是自然意义上的，而是社会价值意义上的。当一个个体为人类的进步做出杰出的（物质或精神）贡献时，我们就说他达到了伟大和不朽。中国古人说："太上有立德，其次有立功，其次有立言，虽久不废，此之谓不朽。"（《左传·襄公二十四年》）对于每个个人而言，自然生命的终结并不意味着价值生命的终结，恰如老子（公元前571—前471）所云："死而不亡者寿。"（《道德经》）

从自然存在的方面看，人类及其个体注定是渺小和短暂的；而从价值

① ［法］帕斯卡尔：《思想录》，商务印书馆1985年版，第157—158页。

存在的角度看，人又可以是伟大和不朽的。软弱与力量、盲目与光明、渺小和伟大、瞬间与永恒，进而是有限与无限，其辩证转换的枢纽就是赋予意义、创造价值的人类思想和实践活动。人以自己的思想及其指导下的实践活动创造着属于自己的世界。

二、人把握世界的各种方式

人们赋予意义、创造价值、超越有限的前提是对世界进行有效地把握。"把握"远不止于我们一般理解的"认识"，而有掌握、领悟、应对、驾驭的含义。从整个人类历史来看，人把握世界的方式主要有神话、宗教、常识、艺术、科学、哲学等。

在人类之初，神话（Myth）是人们把握世界的重要方式。神话的产生，是人类思维的重大飞跃，它不仅表明人类试图以想象的方式解释世界，而且表明人们希望借助某种力量来超越自己的局限（有限）。在一定程度上可以说，人类全部知识和文化活动都起源于神话，神话的隐喻至今还深刻影响着人们的精神世界。当然，尽管直到现在还有一些人相信神话，但用神话把握世界的方式的原始性和虚幻性是显而易见的。马克思的如下断言不无道理："任何神话都是用想象和借助想象以征服自然力，支配自然力，把自然力加以形象化；因而，随着这些自然力实际上被支配，神话也就消失了。"①在当今世界，神话越来越只是作为一种民俗、文学艺术的资源而存在。

_____

① 《马克思恩格斯选集》第2卷，人民出版社2012年版，第711页。

随着神话对世界的解释逐渐系统化、理论化，人们对至上神（Supreme God）的膜拜也越来越有严密的组织，于是便形成了宗教（Religion）。宗教有着系统的教义、完备的仪式和严密的组织。在宗教的教义中，对世界的来龙去脉、人的生前死后有一个系统的说明。宗教能给痛苦、焦虑的心灵带来慰藉，其劝人向善的教义也有利于社会稳定，其博大、丰富的思想是人类宝贵的精神资源。在现代社会，宗教依然存在，并发挥着不可忽视的作用。不过，宗教的作用主要是依靠非理性信仰的方式达到的。在非宗教信仰者看来，宗教不过是精致的神话，理性往往只是作为非理性的奴仆，信仰的方式甚至是盲目和愚昧的。基督教教父哲学家德尔图良（Tertullianus，150—230）的一句名言就是：正因为荒谬，所以我相信！

常识（Common sense）直接来源于人们的生活经验，在人们的生活中起着普通但持久的作用，是人们把握世界最基本的方式。常识往往借助长辈、权威之口，以不证自明的谚语、格言、箴言的形式，构成人的思想与行为的信念。常识对于人们的日常生活，尤其是社会成员中绝大多数人是十分重要的。在一定意义上，常识是人们全部思想文化的基础。当人们纠结于各种烦琐无绪的观念、理论时，回归常识往往是一剂豁然开朗的良药。但总的来说，常识是各种知识的无批判的混合体。人们对常识的倚重往往采取一种实用的态度，自相矛盾地各取所需。其混杂性、经验性、非批判性和由此导致的自相矛盾表明，常识是需要被超越的。

当人们不满足于常识的功利和实用时，就会自觉不自觉地通过一系列的活动调整和升华自己的感受、体验以获得一种精神上的愉悦，从而凸显生活的意义。这种活动就是艺术（Art），如音乐、舞蹈、雕塑、绘画、戏

哲学入门

剧、文学等。艺术地把握世界的重点在于使个人的感受强烈化、条理化，体验和谐化、深刻化，情感明朗化、丰富化，从而使审美对象化、生动化，以求在想象的真实中获得真实的想象。艺术展示的是人们在世的特殊的、感性的、具体的丰富性和复杂性，其结果往往是"各美其美"，不具有普遍性，因而总是遭受着"美言不信"（老子）和"可爱者不可信"（王国维）的质疑。

科学（Science）将常识的经验感受上升为技术性的实证，试图通过实证的方式透过世界多样性的表象，获得对世界的本质和规律的把握，生发出创造性的智能。科学及其所带来的思想解放也对人类历史起着革命的推动作用。在现代社会，科学已然成为人们一切活动的合法性根据和判断对错的标准。但是，科学在消除神秘和愚昧的同时，也使得整个世界逐渐"祛魅（disenchantment）"了，"可信"但不"可爱"。毕竟，"科学只能断言'是什么'，而不能断言'应当是什么'"①。而且，过度推崇科学把握世界的方式，势必导致人的异化："科学的纯洁光辉仿佛也只能在愚昧无知的黑暗背景上闪耀。我们的一切发明和进步，似乎结果是使物质力量成为有智慧的生命，而人的生命则化为愚钝的物质力量。"②

人们通过各种方式去把握世界，目的都是为了获得与世界的贯通，以使自己能安顿在一个确定的坐标中。或者说，人们把握世界的方式都具有一种编织的功能，试图编织一个温馨、安全的家园，让人们感觉到自己是"在家"的。这个家园就是人类栖居的世界。正如爱因斯坦（Albert Ein-

---

① 《爱因斯坦文集》第 3 卷，商务印书馆 2017 年版，第 216 页。
② 《马克思恩格斯选集》第 1 卷，人民出版社 2012 年版，第 776 页。

stein，1879—1955）所言："这个世界可以由音乐的音符组成，也可以由数学的公式组成。我们试图创造合理的世界图像，使我们在那里就像感到在家里一样，并且可以获得我们在日常生活中不能达到的安定。"①因此，人类栖居的世界其实是一个意义的世界。人们把握世界的方式其实也就是人们生存的文化样式。哲学也是人们把握世界的一种方式，但它和神话、宗教、常识、艺术和科学把握世界的方式都不一样，它有着自己的独特规定性。罗素曾经这样说：

> "哲学，就我对这个词的理解来说，乃是某种介乎神学与科学之间的东西。它和神学一样，包含着人类对于那些迄今仍为确切的知识所不能肯定的事物的思考；但是它又像科学一样是诉之于人类的理性而不是诉之于权威的，不管是传统的权威还是启示的权威。一切确切的知识——我是这样主张的——都属于科学；一切涉及超乎确切知识之外的教条都属于神学。但是介乎神学与科学之间还有一片受到双方攻击的无人之域；这片无人之域就是哲学。"②

卡西尔则认为："在神话想象、宗教信条、语言形式、艺术作品的无限复杂化和多样化的现象之中，哲学思维揭示出所有这些创造物据以联结在一起的一种普遍功能的统一性。神话、宗教、艺术、语言，甚至科学，现在都被看成同一主旋律的众多变奏，而哲学的任务正是要使这种主旋律成为听得出的和听得懂的。"③

---

① 《爱因斯坦文集》第 1 卷，商务印书馆 2017 年版，第 410 页。
② ［英］罗素：《西方哲学史》上册，商务印书馆 2015 年版，第 7 页。
③ ［德］恩斯特·卡西尔：《人论》，上海译文出版社 2013 年版，第 120 页。

在某种意义上，整个《哲学入门》都是试图回答哲学作为把握世界方式的独特规定性。

三、哲学的诞生

人们为什么需要哲学？人类最早不是因为有了哲学才需要哲学，人们所需要的是一种对世界尽量深刻的把握。当人们匍匐于不可逆料的自然力量之下的时候，在敬畏之中有一种震撼；当人们仰望灿烂星空、俯察离离青草时，在惊叹之中有一种疑惑；当人们反观自己的存在和生命时，在感慨之中有一种不得自圆其说的痛苦……人们需要通过实践来证明自己的意义，但没有对世界的把握，实践就不可能成功，而一当去把握世界的时候，人们首先发现自己是何等的无知——无知不过是在世界无限性面前对自身有限性的自然体认。

人们不会满足于无知，总是力求达到有知。当人们以理性代替幻想，用智慧代替迷信，赤诚地面对不确定的世界时，就会产生一种惊讶（wonder）的感受。柏拉图（Plato，公元前427—前347）借他的老师苏格拉底（Sokrates，公元前469—前399）之口作出了一个名垂青史的判断：惊讶是哲人的感受，哲学始于惊讶。柏拉图的学生、哲学家亚里士多德进而指出，所谓惊讶就是从无知到有知的状态。因为彻底的无知无所谓对世界的惊讶，彻底的有知也不会对世界惊讶。的确，哲学归根到底是产生于人们的实践活动，但直接地是源于人们对世界的惊讶。

哲学始于惊讶也适用于具体的个人。哲学家和一般的贩夫走卒的差别最初就是源于是否拥有这种惊讶。德国著名哲学家康德（Immanuel Kant，1724—1804）有句名言："有两样东西，越是经常而持久地对它们进行反复思考，它们就越是使心灵充满常新而日益增长的惊赞和敬畏：我头上的星空和我心中的道德法则。"①康德的话不仅印证了哲学始于惊讶的观点，而且还表明，惊讶始终是一个真正的哲学家支持其一生求索的力量源泉。海德格尔甚至这样传神地描述哲学问题的出场情景："在某个完全绝望之际，万物消隐不现，诸义趋暗归无，这个问题就浮现出来了。也许其中就有那么一次，犹如浑沉的钟响，他来到亲在（人——引者注）这里，轰然入耳，回声漾漾。在某个心花怒放之际，这个问题就来临了，因为在这里，所有的一切都变了样，它们仿佛就像是第一次出现在我们的周围一样……在某个无聊寂寥之际，这个问题就来临了。"②

生活中的惊讶无处不在，但称得上哲学意义上的惊讶至少需要具备两个条件：

第一，不是出于功利的目的，而是出于对真理的自由探索。亚里士多德曾经说过："古往今来人们开始哲理探索，都应起于对自然万物的惊异……他们探索哲理只是为想脱出愚蠢……所以我们认取哲学为唯一的自由学术而深加探索，这正是为学术自身而成立的唯一学术。"③海德格尔也指出，哲学发问"不会去考虑照顾和满足紧急的国民生计之需要。这一发问自身超乎寻常之外。它是彻头彻尾的自由自在，完全并真正地立足于自

_____

① 《康德著作全集》第 5 卷，中国人民大学出版社 2007 年版，第 169 页。
② ［德］海德格尔：《形而上学导论》，商务印书馆 2017 年版，第 1—2 页。
③ ［古希腊］亚里士多德：《形而上学》，商务印书馆 2017 年版，第 5—6 页。

由的神秘基础之上，立足于我们称之为'跳跃'的基础之上"①。中国古代哲人庄子（公元前369—前286）则乐于"独与天地精神往来"（《庄子·天下》）的逍遥状态。

哲学的这种"先天秉性"表明：哲学既是人追求自由的结果也是人自由状态的表征。如果说科学使人强大，那么哲学就是使人自由。学习、研究哲学和进行哲学思考是体悟、体验自由的最佳途径。

第二，不是对普通问题的惊讶，而是对普遍性问题的惊讶。只有当人们在面对一个平常的事物看到了不平常，"对于现象常有不稳之感与陌生之感"②，悟到"看似平常最奇崛"的时候，才近乎哲学感悟。"我是谁?""世界是什么?""世界从哪儿来?""我从哪儿来？我到哪儿去?"这些"大问题"（big questions）在本质上超越了具体现实情境中的个体的人或事，就是普遍性的问题。哲学家康德曾把哲学大问题归纳为四个方面：我可以认识什么？我应该做什么？我能够希望什么？人是什么？当我们对这些大问题感到惊讶、兴致盎然时，哲学的思考就开始了。

当然，对普遍性问题的惊讶未必都是哲学，因为科学也是探讨普遍性问题的。根本的原因就在于，在哲学诞生的时候，哲学还是一个大全，包含着后来所谓科学的内容，科学只是到了近代才逐渐从哲学中分化出来。在现代社会讨论"哲学究竟是什么"时，最主要的就是要与科学区分开来。

罗素如下的一段话，也许可以帮助我们在展开关于哲学的具体学习前粗略地了解究竟什么是哲学性的问题。

---

① ［德]海德格尔：《形而上学导论》，商务印书馆2017年版，第15页。
② 牟宗三：《生命的学问》，广西师范大学出版社2005年版，第12页。

"世界是分为心和物吗？如果是这样，那么心是什么？物又是什么？心是从属于物的吗？还是它具有独立的能力？宇宙有没有任何的统一性或者目的呢？它是不是朝着某一个目标演进的呢？究竟有没有自然律呢？还是我们信仰自然律仅仅是出于我们爱好秩序的天性呢？人是不是天文学家所看到的那种样子，是由不纯粹的碳和水化合成的一块微小的东西，无能地在一个渺小而又不重要的行星上爬行着呢？还是他是哈姆雷特所看到的那种样子呢？也许他同时是两者呢？有没有一种生活方式是高贵的，而另一种是卑贱的呢？还是一切生活的方式全属虚幻无谓呢？假如有一种生活方式是高贵的，它所包含的内容又是什么？我们又如何能够实现它呢？善，为了能够值得受人尊重，就必须是永恒的吗？或者说，哪怕宇宙是坚定不移地趋向于死亡，它也还是值得加以追求的吗？究竟有没有智慧这样一种东西，还是看来仿佛是智慧的东西，仅仅是极精练的愚蠢呢？对于这些问题，在实验室里是找不到答案的。各派神学都曾经宣称能够作出极其确切的答案，但正是他们这种确切性才使近代人满腹狐疑地观察他们。对于这些问题的研究——如果不是对于它们的解答的话——就是哲学的业务了。"①

如果你曾经为这些或类似的问题沉思、出神，甚至着迷，那么就意味着你迈进了哲学之门。

---

① ［英］罗素：《西方哲学史》上册，商务印书馆 2015 年版，第 7—8 页。

思考：

1. 为什么哲学是难于定义的？

2. 德国哲学家雅斯贝尔斯曾说："人是沧海之一粟，茫无涯际的世界万物中的一点小灰尘，什么也算不得，——而他又是这样深刻的一种本质，它能够认识万物并且能把万物作为被认识了的东西包含于自身之内。他两者都是，在两者之间。"（《生存哲学》，上海译文出版社2005年版，第63页）如何理解这段话？

3. 神话、宗教、常识、艺术、科学等把握世界的方式对于哲学有什么样的积极意义？

4. 如何理解"哲学始于惊讶"的说法？

5. 什么是大问题（big questions）？你曾经思考过哪些大问题？根据你对自己的了解，你觉得自己适合学习哲学吗？

第二讲　哲学是现世的智慧

　　"哲学"（Philosophy）一词源于古希腊文 φιλοσοφια，由 Philo 和 Sophia 两词构成。Philo 是"爱、追求"的意思，Sophia 是"智慧"的意思。合起来，哲学就是爱智慧、追求智慧的学问。可见，要了解哲学是什么，在很大程度上取决于对哲学与智慧的关系的理解。哲学源于对智慧的追求，哲学所追求的是大智慧，哲学也体现为一种追求智慧的激情，更表现为一种智慧的生存境界。正如马克思所说的："哲学不是在世界之外"，而是"人世（旧译'现世'——引者注）的智慧"①。

一、哲学是对智慧的追求

　　哲学曾经充当过"知识总汇"的角色，直到 17 世纪以降各门具体科学从哲学中分化出来。但是，在本质的意义上，哲学不是知识之学，而是智

---

① 《马克思恩格斯全集》第 1 卷，人民出版社 1995 年版，第 220、223 页。鉴于"现世"（Welt）的翻译已深入人心，故从旧译。

慧之学；哲学不仅是关于智慧的学问，而且是追求智慧的学问。

1. 就其本质而言，哲学不是知识而是智慧

正如亚里士多德所言，求知乃是人的天性。但是，知识总是有限的，在有知与无知之间，哲学性的惊讶出现了；在人们"心有余"而知识"力不足"的地方，智慧的光芒被凸显出来。面对无限的世界，再博学的知识终归暗淡无光，而创造性的哲学智慧却越发显出勃勃生机。更为重要的是，我们求得知识的目的是什么？知识对人生有何意义？哪些知识对人生才是最为重要的？一当我们以这种方式发问时，我们表达的不是一种知识，而是一种对知识的态度。这在知识层面是不能自洽地解答的，它需要切近生活的主体领悟，这就是一种哲学的智慧。

知识是一种认识成果、体系，侧重于帮助人们指向具体事物的具体信息；智慧则是一种获得知识、把握世界的方法。具体的事物都是变动的，因而具体的知识也将是不断变化、更新的，人们不可能一劳永逸地把握知识。但是，一旦掌握了把握知识的方法，就可以以不变应万变。

知识往往有量的积累，一般总是后人超过前人，而智慧更侧重于对世界质的把握，真正的智慧往往具有恒久的魅力，不断启迪后人。亚里士多德认为，智慧是所有美德中最愉快的，而且这种愉快因其纯粹和持久而更可贵。的确，再高倍的望远镜也看不到社会发展的方向，再精密的显微镜也看不到人的本质，再精湛的技术也不可能使人获得人生的意义与方法。对于哲学智慧而言，任何量化或数字化的冲动都是背离其自身的。哲学家雅斯贝尔斯鲜明地指出：

"当各门科学在自己的领域中已经赢得若干令人信服并普遍得到

承认的知识成就时，哲学尽管经历几千年的艰辛努力，对这一类知识却一无所成。""通过对我所具有的知识的技术性的运用，我能够外在地行为，但是非知识（即智慧——引者注）却使我改造自身的内在活动成为可能。……以外在的技术的力量来衡量，这种关于内在行为的思想只是空无，它既不是可拥有的应用知识，也不能根据计划与目的去加以塑造，它是一种对存在的真实的彻悟和演进。"①

与此相关，智慧和知识相比更具有可意会而不可言传的特性。学习哲学需要有较好的直觉、领悟能力，如果只是按照学习科学知识的方式去学习哲学，往往是南辕北辙、缘木求鱼。"道可道，非常道；名可名，非常名。"（《老子》）"道昭而不道，言辩而不及。"（《庄子》）一些高深的哲学智慧往往在于弦外之音、言外之意，不可以知识、文字求之。

知识和智慧是如此不同，以至于有些哲学家把他们看成是对立的。赫拉克利特（Herakleitus，公元前 544—前 483）曾经说过："博学并不能使人智慧。"中国的老子更是认为，"为学日增，为道日损"。当然，智慧也不能完全离开知识，尤其是在现代社会，知识是获得智慧的必要手段。不过，我们在通过知识领会、把握哲学的时候，一定要记得："君子学以致其道"（《论语·子张》），知识对于哲学来说永远是手段性的，学习知识的目的在于化知识为方法、化知识为德性，即"转识成慧"。

2. 哲学不仅是智慧之学，还是追求智慧的行动

从哲学的词源可以看出，哲学不仅与智慧相关，而且与对智慧的态度

---

① ［德］卡尔·雅斯贝尔斯：《智慧之路》，中国国际广播出版社 1988 年版，第 1、89 页。

"爱"相关。在古希腊，"爱"本身就有三种：Eros、Agape、Philia。Eros 是一种出于本能的情爱，而 Agape 是一种无私给予的博爱、仁爱，Philia 则是一种温和而理性的友爱。哲学的爱乃是一种温和而理性的友爱——Philia。[①] 哲学并非是智慧的给予——哲学并不天然地占有智慧，哲学体现为人类对待全部智慧的一种态度，即对智慧的不变的爱和不懈的追求。

态度决定行动。哲学既不是教科书，也不是枯燥的教条，而是一项活动、一项事业。如果确认哲学开始于普遍性的惊讶，而惊讶是有知与无知之间的一种状态的话，那么哲学乃是一种操作于有知与无知之间的活动。而且一旦开始，就永远在路上。学习哲学也就是学习如何"上路"，如何踏上追求智慧之路。雅斯贝尔斯指出，

> "'philosophos'的逻辑内涵与'sophos'正相对。它的意思是爱智者以别于那种在拥有知识方面自认为智慧的人。这个词的意义是不朽的：因为哲学的本质并不在于对真理的掌握，而在于对真理的探究，无论多少哲学家以他们的独断论——即一整套自称是准确和完整的说教理论——去描绘这个世界，而世界则依然如故。哲学就意味着追寻。对于哲学来说，问题比答案更为重要，并且每个答案本身又成为一个新的问题。"[②]

哲学不等于智慧本身，而是对智慧永远的追求。这就启示我们，谦卑、虚心是进入哲学的一种应有态度。古希腊德尔菲神庙曾有过一个神谕：苏格拉底是世界上最聪明的人。苏格拉底却因此领悟道：神之所以说

---

① 参见傅佩荣：《哲学与人生》，东方出版社 2005 年版，第 8 页。
② ［德］卡尔·雅斯贝尔斯：《智慧之路》，中国国际广播出版社 1988 年版，第 5 页。

我是最聪明的人，是因为只有我认识到自己的无知。只有认识到自己的无知——对自己存在的有限性的体认，才有对智慧的爱和追求的态度与行动。中国的老子也曾经感叹："知不知，尚矣；不知知，病也。"（《老子》）用今天的话说就是：知道自己还很无知，这是高明的境界；不知道却自以为知道，这是有病啊！确实，智慧的对立面不是知识，而是自以为全知（polymathia）。在知识、智慧面前的谦逊本身就是智慧的表现！

不过，哲学这种追求智慧的行动与我们日常生活中理解的行动又是有些差别的。哲学对于智慧的追求行动最恒常的表现乃是一种思想的功夫（我们将在第三讲中专门探讨这个问题）。

二、哲学追求的是大智慧

任何学科都在不同程度地追求着智慧，哲学和其他学科的差别就在于：一方面，哲学是专门追求智慧的，追求智慧是哲学的本性，其他学科则不是以追求智慧为专门任务的；另一方面，哲学追求的智慧不是回答和解决各种具体问题的"小道""小聪明"和"小智慧"，而是关涉人类生存、发展及其意义的"大道""大聪明"和"大智慧"。

在中国，从曾子开始，儒家就明确把"止于至善"的学问称为"大学"，而把其他的技艺之学称为"小学"。在古希腊，亚里士多德认为，智慧是分等级的，最高的智慧就是哲学。佛教还把"智"和"慧"区别开来，认为"照见名智，解了称慧"（慧远《大乘义章》）。意即明白事相、见多识广是智，了解事相背后的真理才是慧。哲学所说的"智慧"更多的是偏向于

"慧"，"智"则更偏向于一般意义上的聪明。

1. 哲学智慧之"大"首先体现在其研究对象的广与深

哲学把整个世界作为自己研究的对象，旨在给出整个世界的宏大图景，具有总体性的特征，哲学中获得的普遍性智慧应该适用于所有的学科和整体的人生。如今，"博士学位"的英文写法是 Ph. D.，即 Doctor of Philosophy，这既反映出其他学科从哲学中分化出来的历史真实，也寓示着任何一门专业的学科，学到最后所达到的境界与水平就是哲学的层次。海德格尔断言："一切科学的运思都只是哲学运思的衍生形态，而后它又作为这般的衍生形态得到凝固。……哲学位于科学之先。"①德国物理学家、哲学家石里克（Moritz Schlick，1882—1936）认为，"哲学的授义活动是一切科学知识的开端和归宿。有人说哲学给科学大厦提供基础和屋顶，这样的想法完全是正确的"。他甚至认为，哲学虽然不能称为严格意义上的科学，但"今后可以像以前一样，被尊为科学的女王；因为确实没有这样一条规定：科学的女王本身必须是一门科学"②。

在其深度上，一方面，哲学不仅把整个世界作为自己研究的对象，而且着重地把人与世界的关系作为自己的研究对象。另一方面，哲学把其他一切智慧作为自己的反思对象，思考的是最为根本性的问题。哲学是一种对"元"（meta）的探求，在其他学科作为起点的地方进行反向的思索。如果说提出普遍性问题是哲学和科学的开始的话，哲学的普遍性问题相对于具体科学而言是最高、最根本、最基础的普遍性问题。在中国古代，人们

① ［德］海德格尔：《形而上学导论》，商务印书馆 2017 年版，第 30 页。
② 《二十世纪哲学经典文本·欧洲大陆哲学卷》，复旦大学出版社 1999 年版，第 314—315 页。

把哲学的使命看成是"究天人之际，通古今之变"（司马迁），"原天地之美而达万物之理"（庄子），"为天地立心，为生民立命，为往圣继绝学，为万世开太平"（张载）。在西方哲学中，哲学的智慧就体现为"寻求世界的第一公理"，"提供一切知识的基础"，"发现生命的意义"，"去冒险探究和穷尽不可穷尽的东西"，等等。

2. 哲学智慧之"大"还体现在哲学的功能上

正如亚里士多德说的，哲学是超功利的，从实用的角度看，它确实是无用的。但是抛开"实用"二字，哲学又是有用的。哲学的作用是另一种作用、大的作用。我国当代哲学家冯友兰（1895—1990）曾经说过，哲学"是为了使人得以成为人，而不是为了成为某种特殊的人"①。哲学的智慧是使人成之为人的智慧，是理解、协调和解决人与自然、人与社会、人与自身，即人与世界关系，实现人的全面而自由发展的智慧。哲学对于人生，起着信仰和终极关怀的作用。

就其本质而言，哲学的功能不能简单地以有用或无用评判之，其运用之妙，才是智慧之用。雅斯贝尔斯指出："哲学不能基于自己对其他事物有用而使自身得到证明。它只能诉诸使人趋向于哲学思考的力量。哲学是一种无私的追求，任何所谓有用或有害的问题都与它无关，它是作为人的人应有的一种努力，并且只要人们生存在这个世界上，这种努力就将持续下去。"②

中国古代哲学家庄子从人的生存之道的角度揭示了哲学的智慧功能。

---

① 冯友兰：《中国哲学简史》，生活·读书·新知三联书店 2013 年版，第 15 页。
② ［德］卡尔·雅斯贝尔斯：《智慧之路》，中国国际广播出版社 1988 年版，第 7 页。

《庄子·山木》记载："庄子行于山中，见大木，枝叶盛茂。伐木者止其旁而不取也。问其故，曰：'无所可用。'庄子曰：'此木以不材得终其天年。'夫子出于山，舍于故人之家。故人喜，命竖子杀雁而烹之。竖子请曰：'其一能鸣，其一不能鸣，请奚杀？'主人曰：'杀不能鸣者。'明日，弟子问于庄子曰：'昨日山中之木，以不材得终其天年；今主人之雁，以不材死。先生将何处？'庄子笑曰：'周将处乎材与不材之间。材与不材之间，似之而非也，故未免乎累。'"材与不材即有用与无用，真正的哲学智慧会对两者进行超越的妙用。

哲学并不能如一些应用学科那样直接带来功效，学习哲学的直接目的不是为了学以致用，而是学以致道、学以致慧。而且，"哲学只会间接地通过那难以驾驭的迂回道路在某个范围内发挥着影响，后来终于到了某个时间点，在那里，源初状态的哲学早已被遗忘，哲学也沦落为亲在（人——引者注）的某种不言自明的状态"①。

当人们按照日常生活中理解的智慧、聪明——其实是小智慧、小聪明——去衡量哲学智慧时，就觉得哲学智慧是不合时宜和迂腐的，甚至是愚蠢的。在一个讲究实用与功利的时代，这也许是哲学应该背负的误解与诟病，因为"大智若愚"！相反，如果哲学的智慧与世俗的小聪明一致的时候，哲学也就不成其为大智慧了。

---

① ［德］海德格尔：《形而上学导论》，商务印书馆 2017 年版，第 13 页。

三、哲学是追求智慧的激情

在很多人眼里，哲学即使是追求大智慧，也是一种告别激情、了无生气的事业。很多人把康德看成是哲学家的典型代表。诗人海涅如下一段描述康德生活的文字可谓脍炙人口：

> "康德的生活史是难于叙述的。因为他既没有生活，又没有历史。他住在德国东北边境的一个古老城市哥尼斯堡一个僻静的小巷里，过着一种机械般有秩序的，几乎是抽象的独身生活。我相信，就连城里教堂的大时钟也不能像它的同乡伊曼纽尔·康德那样无动于衷地、按部就班地完成它每日的表面工作。起床、喝咖啡、写作、讲学、吃饭、散步，一切都有规定的时间，邻居们清楚地知道，当伊曼纽尔·康德穿着灰色外衣，拿着藤手杖，从家门口出来，漫步走向菩提小林荫道的时候是下午三点半钟，由于这种关系人们现在还把这条路叫做哲学家路。一年四季他每天总要在这条路上往返八次，每逢天气阴晦或乌云预示着一场暴雨的时候，他的仆人，老兰培，便挟着一把长柄雨伞作为天意的象征忧心忡忡地跟在后面侍候他。"[1]

类似康德这样的哲学家的"表面"形象具有很强的戏剧效果，却掩盖了哲学作为一种爱智慧的行动的内在本质。事实上，哲学也是对智慧追求的一种激情。

---

[1]　[德]海涅：《论德国的宗教和哲学的历史》，商务印书馆 2016 年版，第 105 页。

哲学对于智慧追求的激情建基于爱，体现为关怀与牵挂。所谓建基于爱，是对整个人类（至少超越个体）的爱，而不是对某个人的爱，孔子所谓"仁者爱人"是也。所谓关怀与牵挂是对整个人类（也至少超越个体）存在与发展的关怀和牵挂，而不是对某个人的关怀和牵挂。

　　真正的哲学家常常是"人生不满百，常怀千岁忧""身无分文，心忧天下"，具有宇宙的悲悯情怀，因为他们的动机在于为天地立心，为生民立命。正如现象学大师胡塞尔所说："在我们的哲学研究中，我们是人类的公仆——我们如何能无视这一点呢？在我们个人的内在使命中，对于我们自己作为哲学家的真正的存在来说完全是个人的责任，同时本身就包含有对于人类的真正存在的责任。而人类的真正存在只是作为指向终极目的的存在而存在，而且如果它确实能实现，也只有通过哲学——通过我们，如果我们真正是哲学家——才能实现。"①

　　从人们追求智慧的过程来看，激情也是哲学事业一以贯之的保障。哲学智慧的关怀说到底是为了人类的存在和更好的存在，或曰幸福。但是达致这一目的的过程是非常复杂和艰难的。不畏艰险、一如既往地追求人类智慧需要激情作为保障。黑格尔就认为，没有激情就不可能完成任何伟业。孔子"知其不可而为之"，以"朝闻道，夕死可矣"的精神探索和弘扬儒家智慧。当马克思还是一个高中生的时候，就曾经说："如果我们选择了最能为人类而工作的职业，那么，重担就不能把我们压倒，因为这是为大家作出的牺牲；那时我们所享受的就不是可怜的、有限的、自私的乐趣，我们的幸福将属于千百万人，我们的事业将悄然无声地存在下去，但

---

① ［德］胡塞尔：《欧洲科学的危机与超越论的现象学》，商务印书馆 2017 年版，第 31 页。

是它会永远发挥作用，而面对我们的骨灰，高尚的人们将洒下热泪。"①可以说，马克思此后的一生都在为这种激情和抱负做注脚！

哲学追求智慧的激情与我们生活中的激情是不一样的。哲学的爱是温和、理性的爱 Philia，而不是出自本能的爱 Eros，哲学的激情深沉而冷静，无关风月，无关时尚。马克思说："批判不是头脑的激情，它是激情的头脑。"②意思是说，在哲学及其批判看来，激情是为理性的头脑服务的。帕斯卡尔认为："激情是有冷有热的；而冷也像热本身一样显示了激情的热度的伟大。"③哲学智慧的冷静激情超越浮躁，总是能在众人皆醉时保持一分难得的清醒，在进退维谷时明辨方向，在"山重水复疑无路"时，把人指向"柳暗花明又一村"。当然，正如大智若愚一样，冷静的激情也有可能被一般人看成是冷酷无情。

四、哲学是智慧的生存境界

人生在世，每个人活出的境界是不一样的。境界反映着人对事物了悟和对自身觉悟的程度。它潜藏于人的思想意识，外化为人的言语行动，表现为处世的方式方法。境界的差异因之体现为对待世界的态度和方式上的差异，也就是处理人与自然、人与社会（他人）、人与自身关系的态度和方式上的差异。

不同的哲学家和哲学流派所强调的境界有所不同。例如，黑格尔曾经

---

① 《马克思恩格斯全集》第 1 卷，人民出版社 1995 年版，第 459—460 页。
② 《马克思恩格斯选集》第 1 卷，人民出版社 2012 年版，第 4 页。
③ ［法］帕斯卡尔：《思想录》，商务印书馆 1985 年版，第 160 页。

说："哲学的最后的目的和兴趣就在于使思想、概念与现实得到和解。哲学是真正的神正论，不同于艺术和宗教以及两者所唤起的感情，——它是一种精神的和解，并且是这样的一种精神的和解，这精神在它的自由里和它的丰富内容里把握住了自己的现实性。"①而中国传统哲学家则更多强调天人合一。事实上，作为一种以有限方式去把握无限世界的智慧，所有哲学追求的都是一种人与世界的贯通。

冯友兰提出的人生四境界说在中国具有广泛的影响。他认为，人生的第一境界是自然境界，处在这样境界中的人，按照本能和社会习俗生活，有如儿童或原始人，对生活无自觉、无追求，也无所谓意义；第二境界是功利境界，人对自己有所认识，但他们行为的最终目的就是为了自己的利益；第三境界是道德境界，人意识到自己是社会的成员，他们能够处处为社会着想；第四境界是天地境界，处在这样境界中的人不仅意识到自己是社会的成员，而且是宇宙的成员，他们能够在日常生活中对人生意义有彻底清醒的领悟。天地境界便是哲学境界。所谓哲学是爱智慧、追求智慧的学问，在这个意义上也就是爱智慧的境界、追求智慧的境界的学问。

哲学的智慧境界只有在磨炼中才能获得。真正的智慧饱含着丰富的人生阅历，是人生实践的结晶。黑格尔生动地说：

> "老人讲的那些宗教真理，虽然小孩也会讲，可是对于老人来说，这些宗教真理包含着他全部生活的意义。即使这小孩也懂得宗教

---

① ［德］黑格尔：《哲学史讲演录》第 4 卷，商务印书馆 2017 年版，第 414 页。

的内容，可是对他来说，在这个宗教真理之外，还存在着全部生活和整个世界……意义在于全部运动。"①

中国四大名著之一的《西游记》，描述了唐僧师徒四人历经九九八十一难取得真经，修成正果的故事。其实，他们所取之"经"似乎理解为"经历"更好！只有有了九九八十一难的经历，才能真正读懂和领悟经书。经历中的挫折更是增益智慧的契机，正所谓"吃一堑，长一智"。马克思曾经说，哲学是很懂得生活的。这首先表明，哲学是来源于生活的，哲学的境界也必须经由生活的锻造才能达到，而不是光凭书本和理论就可以得来的。

领悟智慧的生存境界也需要一定的哲学修养。没有哲学修养，经历再多的世事，也未必能悟出其中三昧。《周易》在论道时说："仁者见之谓之仁，知者见之谓之知，百姓日用而不知，故君子之道鲜矣。"这就是说，哲学道理并不神秘，不同的人有不同的说法，老百姓天天在运用它却没有察觉到它，所以能真正达到智慧境界的人不多。黑格尔也有类似的思想："哲学的特点，就在于研究一般平时以为很熟悉的东西。一般人日常生活中，不知不觉间曾经运用并应用来帮助他生活的东西，恰好就是他所不真知的，如果他没有哲学的修养的话。"②正是在此意义上，进行哲学的学习和训练对于每个人都是必要的。

智慧的生存境界并不是高高在上、正襟危坐和板着面孔的。《中庸》以孔子的口吻说："道不远人。人之为道而远人，不可以为道。"荀子（公

---

① ［德］黑格尔：《小逻辑》，商务印书馆 2017 年版，第 425 页。
② ［德］黑格尔：《哲学史讲演录》第 1 卷，商务印书馆 2017 年版，第 27 页。

哲学入门

元前 325—前 238）也说过："道者，非天之道，非地之道，人所以道也。"
（《荀子·儒效》）雅斯贝尔斯则以箴言的方式总结道：

> "一知半解的哲学使人远离现实，完整的哲学使人趋向现实。半
> 截的哲学，可以导生当代人归咎于哲学的那些后果，可以使人分心外
> 骛……并且可以使人丧失现实。完整的哲学，由于能控制上述种种可
> 能，所以本质上使人思虑内集，在这种内心行动中，人将分有现实，
> 因而人才真正成为他自己。"①

哲学智慧说到底是人生的智慧，是人生的实践智慧，是生活之道。真
正的智慧往往是在平常中领悟到神奇，怀着平常的心，却有着异常的思、
高明的悟。生活在凡俗之世，却处于高尚的境界。这也就是儒家所说的
"极高明而道中庸"——亚里士多德也告诫我们：像常人那样说话，像聪
明人那样思考。这才是真正的哲学之境、智慧之境。哲学并不满足于生活
的自然呈现，受普遍性问题的诱惑，哲学一定会走上一条不断上升的路。
同样，哲学智慧绝不会满足于抽象的思辨，基于对"生民"的牵挂，真正
的哲学最终要走一条下降的路。再高深的哲学最终都必须回归于人的现实
生活。

思考：

1. 如何理解知识与智慧的关系？

2. 如何看待关于哲学有用与无用的争论？

---

① ［德］卡尔·雅斯贝尔斯：《生存哲学》，上海译文出版社 2015 年版，第 98—99 页。

3. 哲学也可能包含激情吗？哲学的激情是什么样的激情？

4. 真正的哲学与日常生活应该是一种什么样的关系？

5. 结合冯友兰的人生境界说，反思一下自己所处的境界，并思考自己的努力方向。

第三讲　哲学是思想的功夫

　　作为现世的智慧，哲学离不开现实生活。但是，"哲学在用双脚立地以前，先是用头脑立于世界的"①。就哲学而言，追求智慧的行动首先体现为一种慎思明辨、穷根究底的思考，哲学的力量从根本上乃是思想的力量。哲学作为智慧之学也是教人如何思考的学问，是关于思维及其运用的学问。学习哲学、思考哲学、运用哲学乃至创造哲学，都是一门特殊的功夫——思想的功夫。

一、以思想的方式把握世界

　　与万事万物不同，人是有思想的存在物，人的全部尊严来自思想。哲学则是专门从事思想工作的。黑格尔曾经说，"哲学可以定义为对于事物的思维着的考察"，而哲学对于其他科学的重要意义就在于"哲学赋予科

---

① 《马克思恩格斯全集》第 1 卷，人民出版社 1995 年版，第 220 页。

学内容以最主要的成分：思维的自由（思维的先天因素）"①。

从形式上看，哲学是最理论化的学问。"理论"（theory）一词源于古希腊动词 theatai，意即注视、观看，也是剧场（theatre）一词的词根。就像观众在看戏时与舞台、演员保持距离一样，哲学家总是致力于思想、思维，与现实保持着一定的距离。因为哲学总是预设着这样的思想前提：真正的现实不是赤裸裸的，而是被掩盖着的，是需要借助人的思想才可能把握到的，哲学所谓的现实一定是思想把握到的现实。正如雅斯贝尔斯指出的："现实只有通过思维这一内心行为才能被找到。在一切事实里运用这种思维，都为的是要超越它们而达到真正的现实……把这种思维按照方法步骤加以客观化，这就是哲学。"②

强调只有思想才能把握真正的现实的思想在西方可以追溯到古希腊的巴门尼德（Parmenides，约公元前 515—前 450）。他认为，凭感觉把握到的都是现象，形成的观点只能是意见；而凭借思维把握到的才是真实的存在，形成的观念才是真理。

黑格尔有一句名言被广泛引用以作为很多人或事的庸俗辩护，那就是"凡是现实的都是合理的"（Was wiklich ist，das ist vernünftig. 往往被简化为"存在即合理"）。其实，黑格尔认为，只有在庸人的生活中，一切存在的才都是现实的；在哲学家看来，庸人所谓的现实不过是现象世界，现象世界与现实有着重要的差别，现实的东西仅仅属于同时是必然性（合理）的东西。因此，黑格尔还说过一句话：凡是合理的都是现实的。

---

① ［德］黑格尔：《小逻辑》，商务印书馆 2017 年版，第 37、53 页。
② ［德］卡尔·雅斯贝尔斯：《生存哲学》，上海译文出版社 2013 年版，第 15—16 页。

哲学与现实、思想与生活的关系需要一个准确的把握。从哲学的诞生来看，哲学无疑源于人们的现实生活；从哲学的最终功用来看，哲学智慧也必须贯彻到人们的现实生活中去。但是，我们必须注意到，与关注现实的一般学问不同，真正的哲学却往往是以一种看似背离现实生活的方式来关注现实生活的。现实生活非常复杂，身处其中，往往给人一种"不识庐山真面目，只缘身在此山中"或"当局者迷"的感觉。只有与现实生活保持一定的距离，才能真正把握现实生活。

哲学与世界、思想与生活保持距离绝不意味着一种麻木甚或轻佻，相反，作为对智慧的"爱"和"追求"，哲学意义上的思想是热烈而不带偏见的探询，以对思想对象的诚敬、感激为前提。海德格尔通过词源学的考证指出，思想(think，德文 gedanke)与感谢(thank，德文 danke)在词源上是一致的。这就意味着，真正的思想都趋向于对存在的感激，真正思考某事物首先意味着去尊重它，向它致敬。

哲学作为一种行动，可以说是思维领域的奥林匹克运动。哲学总是向着人类思维的极限进行挑战，表明人类在思维上究竟能达到多么智慧的程度。确如雅斯贝尔斯说的，"思想是人类存在的开始……但哲学思想开始于理性知识的极限……哲学向理性知识的极限推进……哲学家则对显露于那些极限上的不可知的事物保持开放"①。如果我们假定完美的智慧不在人间，那么哲学的思维就是试图无限接近完美智慧的"通天塔"！

问题在于，一方面，"一个时代若将那稍纵即逝的东西，将那唾手可得的东西视为现实的，那它就会把这一发问当作'与现实格格不入的'，

---

① ［德］卡尔·雅斯贝尔斯：《智慧之路》，中国国际广播出版社 1988 年版，第 88—89 页。

当成一文不值的"①。另一方面，

> "时代的艰苦(现代社会则是感性的诱惑——引者注)使人对于日常生活中平凡的琐屑兴趣予以太大的重视，现实上很高的利益和为了这些利益而做的斗争，曾经大大地占据了精神上一切的能力和力量以及外在的手段，因而使得人们没有自由的心情去理会那较高的内心生活和较纯洁的精神活动，以致许多较优秀的人才都为这种艰苦环境所束缚(现代社会则是为优越环境所诱惑——引者注)，并且部分地被牺牲在里面。"②

哲学所反对的恰恰在于："一方面是精神沉陷在日常急迫的兴趣中，一方面是意见的空疏浅薄。"③人们精神、思想上的深刻需要哲学的功夫。

如同向着人类体能、技巧极限进行挑战的体育、武术必须练功一样，深刻地思想也需要专门的训练。哲学在此意义上就是一门思想的功夫。一些基本的思想功夫或者说基本的思维方法是可以言说和掌握的。掌握了这些基本方法之后，一个人的哲学思维水平的高低就取决于自己是否"下功夫"以及领悟能力如何了。正所谓：师傅领进门，修行靠个人。

二、思维的一般方法

与一般的思想、思维不同，哲学是最为"条理化的思想"(雅斯贝尔斯

---

① ［德］海德格尔：《形而上学导论》，商务印书馆 2017 年版，第 247 页。
② ［德］黑格尔：《哲学史讲演录》第 1 卷，商务印书馆 2017 年版，第 1 页。
③ ［德］黑格尔：《小逻辑》，商务印书馆 2017 年版，第 31 页。

哲学入门

语）。将思想条理化也需要功夫，有一些基本的要领。这些基本功、基本要领是进入哲学之思的门槛与准备，也是受用始终的思想技能与方法——黑格尔曾经说：思维是哲学的仪器与工具。没有基本功底的哲学状态可能很漂亮，也很吸引眼球，但实际上不过是花拳绣腿，与真正的哲学相去很远。

逻辑思维是哲学透过现象看本质的最普遍、最根本的方法，进入哲学思想首先要进行逻辑上的准备。严复（1854—1921）认为，逻辑是"一切法之法，一切学之学"（《穆勒名学》）。甚至，在罗素等分析哲学家们看来，哲学的本质就是逻辑，哲学的主要任务就是进行逻辑分析。就整个哲学而言，最起码的逻辑功底或思想功夫"就是人在脑子中运用概念以作判断和推理的工夫"①。

概念（范畴）是任何哲学体系、思想观念的基本单元。概念赋予我们的经验感觉以形式，也把我们的感觉经验组织起来，这样，我们的经验就变成可以标识、区别和表达的了。黑格尔曾经说："哲学乃是一种特殊的思维方式——在这种方式中，思维成为认识，成为把握对象的概念式的认识。"②非理性主义哲学家尼采则以嘲讽的口吻揭示了概念对于哲学，乃至整个人类认识的作用："正像蜜蜂一边筑造蜂房一边向里面灌蜜一样，科学也在概念的伟大骨灰陈列所即知觉的墓地中忙个不停，不仅总是在修葺整理旧墓室和建造更高层次的墓地，而且还特别努力填充这一巍峨的构架，在其中安排整个经验世界也就是拟人化世界。"③哲学就是要运用概念

---

① 《毛泽东选集》第 1 卷，人民出版社 1991 年版，第 285 页。
② ［德］黑格尔：《小逻辑》，商务印书馆 2017 年版，第 37 页。
③ ［德］F. W. 尼采：《哲学与真理》，上海社会科学院出版社 1993 年版，第 111—112 页。

在人们的头脑中重建一个世界，甚至构造出一个新的世界。哲学史上很多聚讼纷纭的哲学争论往往起于对一些概念的不同理解，而走向问题的解答也总是把概念的澄清作为基础工作。准确地掌握基本概念是学习哲学最基本的前提；准确建立和清晰表达概念则是进行哲学思考最基本的功夫。

运用概念对事物的性质、状态、关系及规范有所断定的思维形式就是判断。哲学思维通过判断告诉人们事物是什么（性质）、怎么样（状态）、为什么（关系），更重要的是告诉人们应该怎么样（规范）。如果说概念是借助语言表达出来是语词的话，判断借助语言表达出来就是语句。一些哲学观点、名言，例如，"存在就是被感知""道可道，非常道"等，都是一个判断的语句。

面对判断形成的观点，人们往往还要追问其是否正确，是否"站得住脚"。任何一个判断、观点都应该提供得出这一判断、观点的理由，也就是展示得出这个判断的推理、论证过程。相对而言，作出一个判断，得出一个观点是比较容易的，难的是能运用推理、论证以充足的理由证明其正确。哲学的深奥往往不在于结论，而在于达致简洁结论的烦琐论证。就哲学的逻辑思维而言，论证最为关键。我们看到的哲学体系，不过是哲学家们的论证、推理组成的思想体系。对于任何一个试图使自己的思想更为深刻、智慧的人来说，掌握和运用推理、论证的功夫是不二法门。

进行思维推理有很多方法，最常见、常用的逻辑思维方法就是归纳与演绎、分析与综合。

归纳是从个别事实概括出一般结论的一种思维方法。归纳方法是一种扩大知识、发现真理的基本方法。当然，归纳往往是不完全的，本质上是一种或然性的推理，它的结论不一定可靠，对此应有充分的认识。例如，我们看到很多地方的乌鸦是黑色的，因此就得出结论：天下乌鸦一般黑。这就是一个典型的归纳推理。但是，科学家们在澳大利亚和我国新疆都发现了白色的乌鸦！

演绎是从一般原理推论出个别结论的一种思维方法。推理的前提是一般，结论是个别，前提和结论有着蕴涵关系。演绎是一种必然性推理，只要前提可靠，推理合乎规则，结论也一定是可靠的。演绎推理最典型的论证方式是三段论，例如，大前提：人都得吃饭；小前提：哲学家是人；结论：哲学家也得吃饭。演绎推理是哲学中最普遍的推理方式，尤其是在西方哲学中，这是主流的推理方式。

分析是在思维中把思想的客观对象的整体分解为不同的组成部分、方面、特点和因素等，对它们分别加以研究的思维方法。综合就是在思维中把已有的关于客观对象的各个部分、方面、特性和因素的认识联结起来，形成关于对客观对象的完整认识的思维方法。简单地说，分析就是化整为零，综合就是合而为一。

在推理中，如果只运用归纳推理或演绎推理都有不足之处：归纳推理往往归纳不完全，以偏概全，结论可能出错；演绎推理结论已经包含在大前提中，有些同义反复，结论未出新知。同样，只运用分析推理或只运用综合推理也是不够的：分析推理可能比较深刻，但也可能一叶障目而失之片面；综合推理可能比较全面，但也可能笼统混沌而又显肤浅。黑格尔、马克思、恩格斯等倡导一种辩证思维方法，把对象看成一个整体，认为要在关系、矛盾、运动、变化、过程中去进行思考、推理。正如恩格斯指出的：

> "归纳和演绎，正如综合和分析一样，必然是相互关联的。不应
> 当牺牲一个而把另一个片面地捧到天上去，应当设法把每一个都用到
> 该用的地方，但是只有认清它们是相互关联、相辅相成的，才能做到
> 这一点。"①

缜密的逻辑思维往往被看成哲学的本质性特征。但事实上哲学思维还
包括一种直觉思维。直觉是人们在思维中直接对事物本质的接近和把握，
它能够超越一般的推理、论证程序，一下子抓住事物或问题的根本和要
害，不立文字，直指人心。在不同的哲学派别中，一些所谓的非理性主义
更多强调直觉，认为直觉高于理性。如生命哲学、现象学、佛教禅宗等。
同时，很多理性主义的哲学体系也为直觉留下了地盘，柏拉图、亚里士多
德、康德等哲学家的思想都是如此。

我国哲学家冯友兰很崇尚西方擅长的逻辑思维方法（他称之为正的方
法），但他也认为，完整的哲学都是以直觉的方法（他称之为负的方法）告
终的。直觉当然带来了某些神秘主义色彩，但"神秘主义不是和明晰思考
对立的，也不是低于明晰思考，毋宁说，它是超越于明晰思考的。它不是
反理性，而是超理性的"。不过，冯友兰也强调："在达到哲学的单纯之
前，需先穿过复杂的哲学思辨丛林。"②也就是说，逻辑思辨往往是直觉顿
悟的基础，对于现代人而言尤其如此。

关于思维的一般方法与规律的研究本身就是哲学的一个重要学科领

---

① 《马克思恩格斯选集》第 3 卷，人民出版社 2012 年版，第 930 页。
② 冯友兰：《中国哲学简史》，生活·读书·新知三联书店 2013 年版，第 454、455 页。

域，即逻辑学（Logic）。在进入哲学思考之前，了解和掌握（而不仅仅是知道）上述这些思维方法算是完成了思想功夫的"预备动作"与贯穿哲学思维全过程的最简单的"分解动作"。要掌握思维的各种"套路"，一要进行专门的逻辑学学习，二要在哲学学习中细心地参照和领悟。

三、哲学思维的独特品质

随着哲学的分化，其所探索出来的思维规律已经为各个学科所共享。但是，哲学还保持着一些自己独特的思维品质，除了一般人们所说的整体性、抽象性、思辨性之外，更具有怀疑、反思、批判和超越的鲜明品质。

1. 哲学思维的怀疑品质

怀疑是哲学的天生气质，是哲学的基本态度。哲学从体悟到自己的无知开始，也就是开始了对"身为人类的你我是否真的拥有智慧"的疑惑。正如罗素所说："没有哲学色彩的人，一生免不了受缚于种种偏见，由常识、由他那个时代或民族的习见，由未经深思熟虑滋长的自信等等所形成的偏见。对于这样的人，世界是固有的、有穷的、一目了然的；普通的客体引不起他的疑问，可能发生的未知事物他傲慢地否定掉。但是反之……只要我们一开始采取哲学的态度，我们会发觉，连最平常的事情也有问题，而我们能提供的答案又只能是极不完善的。"①

怀疑起于问题或产生问题，因此怀疑精神往往与问题意识是等价的。哲学思维并不能立竿见影地解决任何实际问题，但它能使问题走向深入、

---

① [英]罗素：《罗素文集》第2卷，商务印书馆2012年版，第152页。

清晰，使解决问题的方案逐渐显现。在哲学看来，没有问题往往就是最大的问题。问题一经提出，方法就蕴涵其中。马克思曾经说：问题"是公开的、无所顾忌的、支配一切个人的时代声音。问题是时代的格言，是表现自己内心状态的最实际的呼声"。"一个时代的迫切问题，有着和任何在内容上有根据的因而也是合理的问题共同的命运：主要的困难不是答案，而是问题。"①

哲学思维的怀疑不同于日常生活中的怀疑。哲学的怀疑具有抽象性，抽象地表达了人们思维中对世界或人本身把握的不确定性。而且，往往会发生这种情况，在日常生活看来没有任何疑问的地方，哲学产生了怀疑；而在常识层面很成问题的地方，哲学可能并不理会。正所谓"善疑者，不疑人之所疑，而疑人之所不疑。"（方以智《东西均·疑何疑》）。黑格尔所揭示的"熟知并非真知"，正是哲学要进行怀疑的前提假设。

怀疑也是一种勇敢的哲学精神。怀疑是以对自己的理性的自信和对周遭世界的人、事、思想的合理质疑为前提的，它是人的主体意识的彰显。盲从往往与蒙昧、愚昧相联系，怀疑则意味着启蒙的开始。哲学家康德在谈到"什么是启蒙"的时候说：

> "启蒙就是人从他咎由自取的受监护状态走出……Sapere aude（要敢于认识）！要有勇气使用你自己的理智！这就是启蒙的格言。"②

怀疑表征理性和成熟，使人迈向解放和自由。哲学的勇气鲜明地表现在马克思的博士论文序言中："只要哲学还有一滴血在自己那颗要征服世

---

① 《马克思恩格斯全集》第 1 卷，人民出版社 1995 年版，第 203 页。
② 《康德著作全集》第 8 卷，中国人民大学出版社 2010 年版，第 40 页。

界的、绝对自由的心脏里跳动着，它就将永远用伊壁鸠鲁的话向它的反对者宣称：'渎神的并不是那抛弃众人所崇拜的众神的人，而是把众人的意见强加于众神的人。'哲学并不隐瞒这一点。普罗米修斯的自白'总而言之，我痛恨所有的神'就是哲学自己的自白，是哲学自己的格言……不应该有任何神同人的自我意识相并列。"①在哲学中，这里的"神"可以引申为一切既有的权威、成见，而普罗米修斯的态度则是一切真正哲学家的态度——普罗米修斯被马克思称之为"哲学历书上最高尚的圣者和殉道者"。凭借这种勇气，真正的哲学怀疑得以可能。

2. 哲学思维的反思品质

从怀疑开始，思维必然进入反思。哲学对智慧的热爱和追求，就集中体现于不断地反思，哲学是一种反思的智慧。

日常生活中的"反思"或"反省"一词，大多指思考过去的事情以吸取经验教训之意。哲学十分强调和注重这种反思。苏格拉底曾经说，未经反省(反思)的人生是不值得度过的；中国古代儒家强调"吾一日三省乎吾身"(《论语》)。但哲学上的反思还不止于此，而有着独特的含义：

一是指对思维对象的深入、反复、持久的思考。这种反思包含着对事物直接呈现状态的怀疑或不信任，不满足于对于思维对象表面的、一次性的认识，试图更为全面地穷尽事物的种种可能性以发现其本质。中国儒家思想所谓"三思而后行"中的"思"就是这个意思。

二是指不同于直接认识的间接认识。黑格尔赋予这种反思以完整的哲

---

① 《马克思恩格斯全集》第 1 卷，人民出版社 1995 年版，第 12 页。伊壁鸠鲁(前 341—前 270)是古希腊哲学家，马克思的博士论文就是研究他的思想。

学含义："对思想的思想"，"对认识的认识"，即思想以自身为对象反过来思考(reflexion)。柯林武德(R. G. Collingwood，1889—1943)解说得更为清楚："哲学是反思的。进行哲学思考的头脑，决不是简单地思考一个对象而已；当它思考任何一个对象时，它同时总是思考着它自身对那个对象的思想。因此哲学也可以叫做第二级的思想，即对于思想的思想。"①哲学思维的对象主要就是思想自身。

哲学反思总是意味着对以往历史和思维成果的梳理与审视，因而体现出"从后思索"的特性。黑格尔这样强调哲学的反思性质：

> "哲学作为有关世界的思想，要直到现实结束其形成过程并完成其自身之后，才会出现。概念所教导的也必然就是历史所呈示的。这就是说，直到现实成熟了，理想的东西才会对实在的东西显现出来，并在把握了这同一个实在世界的实体之后，才把它建成为一个理智王国的形态。当哲学把它的灰色绘成灰色的时候，这一生活形态就变老了。对灰色绘成灰色，不能使生活形态变得年轻，而只能作为认识的对象。密纳发的猫头鹰要等黄昏到来，才会起飞。"②

"密纳发"是希腊神话中智慧女神雅典娜，栖落在她肩上的猫头鹰是思想、智慧的象征。黑格尔把哲学比喻为黄昏的猫头鹰，旨在突出哲学的"反思"特点。

反思使思想更为全面、更为深刻。所谓全面，就是通过反思可以注意到现实生活中事物被遮蔽的方面，这个方面可以是空间上的，也可以是时

---

① ［英］柯林武德：《历史的观念》，商务印书馆2017年版，第28页。
② ［德］黑格尔：《法哲学原理·序言》，商务印书馆2017年版，第16页。

哲学入门 |

间上的；既可以是自然意义上的，也可以是价值意义上的。全面的洞察是智慧融通的基础。约翰·穆勒（John S. Mill，1806—1873）有句名言："做一个不满足的人胜于做一只满足的猪；做不满足的苏格拉底胜于做一个满足的傻瓜。如果那个傻瓜或猪有不同的看法，那是因为他们只知道自己那个方面的问题。而相比较的另一方即苏格拉底之类的人则对双方的问题都很了解。"①所谓深刻，就是通过反思可以不为常识与习惯所束缚，能透过现象看到本质，通过熟知获得真知，见人所不见，悟人所不悟。

思想的力量就是人的力量。反思是人的自我担当，是个体自我自觉的生命体验，是走向人生自我觉解的法门。人因反思而走向全面与深刻，因反思而走向真理和意义，因反思而拥有灵动而饱满的人生。

怀疑与反思开启了人们的觉悟之门，开启了人生享受心灵自由幸福之源，同时也开启了人生体验精神痛苦之源。这种痛苦与其说是来自物质的清贫和外在的压力，不如说是来自哲学对自身的怀疑、反思——普遍的怀疑和全面的反思必然要将矛头指向自身。正因为哲学自身的怀疑与反思，哲学处于一个永远解答疑团，而又永远产生新的疑团的过程。或许可以说，作为一种存在状态，思之本身与过程就是收获，而不在乎最终的答案。

3. 哲学思维的批判品质

怀疑、反思不是哲学的终点。哲学上条理化的怀疑、反思必然引向深刻的批判。批判是一种否定性思维，是以理想的标准系统地反思理论与现实的必然结果。哲学家罗素直接指出：哲学的根本特征是批判。马克思则

---

① ［英］约翰·穆勒：《功利主义》，商务印书馆 2017 年版，第 12 页。

认为，他所推崇的哲学"辩证法不崇拜任何东西，按其本质来说，它是批判的和革命的"①。

在哲学史上，"批判"往往成为哲学的代名词或"图腾"。很多哲学家爱把自己的著作冠以批判之名，例如，康德的主要著作分别名为《纯粹理性批判》《实践理性批判》《判断力批判》和《历史理性批判》。马克思的很多文章也冠有"批判"之题，例如，《黑格尔法哲学批判》《政治经济学批判》《哥达纲领批判》等，甚至其《神圣家族》一书的副标题就是"对批判的批判所做的批判"。

从批判的层次来看，哲学思维的批判主要有两方面的任务。

一是对日常生活进行批判。在哲学看来，沉湎于烂熟的日常生活而不知批判乃是一种堕落和沉沦。对日常生活的批判可以使人透过熟知看到真知，了悟生活的真理，使人生自觉为人生。

二是对理论前提进行批判。哲学的工作是在其他理论、科学作为不证自明的起点（如几何学的公理）的地方开始反向的"挖掘"工作，试图考察这些思想的根据、支点、尺度、原则、标准的合理性和合法性。同时，真正彻底的哲学批判也指向哲学自身的理论前提。哲学的历史是哲学反思自身的历史，也是哲学批判自身的历史。有些哲学家还自觉地对自己的哲学理论进行批判。如著名哲学家维特根斯坦（Ludwig Wittgenstein，1889—1951），当他早期的思想被许多哲学家接受，成为一种流行、权威的观点时，他自己却在后期尖锐地批判这种观点。前提性的批判本身的终极性并不是固定的，彻底的批判会进一步就前提性批判本身进行批判——哲学批

①《马克思恩格斯选集》第2卷，人民出版社2012年版，第94页。

　　　　　　　　　　　　　　　　　　　哲学入门　|

判的"时态"永远是"正在进行时"。

哲学的前提性批判有时可以通过类似于行为艺术的方式表现出来。古希腊犬儒学派哲学家第欧根尼（Diogenēs，公元前412—前323）常常在大白天也点着灯走路，每当人们诧异地问他时，他便回答说："我正在找人。"这是在讽刺当时社会上没有一个真正配得上"人"这一称呼的有德行的"人"。尼采曾经煞有介事地宣告：上帝死了！其实是宣告基督教的价值标准被颠覆了，需要重估一切价值。传说德谟克利特的行为艺术式批判更加令人惊心动魄：为了不使感性的目光蒙蔽敏锐的理智，他干脆弄瞎了自己的双眼！

从批判的维度来说，哲学思维的批判包括精神维度和实践维度。所谓精神维度的哲学批判是指对某种思想、理论进行的批判或者仅仅从精神的维度对世界进行批判，也可以称为思想批判或精神批判。这是哲学史上最为常态的批判，往往体现为不同哲学思潮、派别的相互竞争和一些文化批判理论。所谓实践维度的哲学批判是由卡尔·马克思开创的。他认为"批判的武器当然不能代替武器的批判"，"哲学家们只是用不同的方式解释世界，问题在于改变世界"①。他将哲学批判从精神领域拉入现实的人及其世界，对人们的生产、生活方式进行无情的批判，目的是使现存世界革命化，从而最终实现人的解放。他认为任何一种精神、理论一经群众掌握就会变成现实的物质力量。从终极的意义上说，精神批判最终是为实践批判服务的。

真正的哲学不承认任何永恒、完美的存在，它总是要求人们在对事物

①《马克思恩格斯选集》第1卷，人民出版社2012年版，第9、136页。

的肯定理解中同时包含对它的否定的理解，要求人们不断以更高的合理性、目的性和理想性去反观自己的现实，使人和人所在的世界充满活力，向着更为美好的方向迈进。

古希腊哲学家苏格拉底被捕后，曾在其申辩中说："良种马因肥大而懒惰迟钝，需要马虻(旧译'牛虻'早已深入人心——引者注)刺激；我想神把我绊在此邦，也是同此用意，让我到处追随你们，整天不停对你们个个唤醒、劝告、责备。"①苏格拉底的牛虻精神正是哲学批判性思维品质的形象体现。

4. 哲学思维的超越品质

无论是怀疑、反思，还是批判，哲学思维的目的都是要使人们摆脱事物当下、表面状态的束缚，把人引向一种改变了的，更新、更深刻的可能性空间。这就是哲学思维的超越功能或品质。"超越"有超过、突破、跳出之意。从产生开始，哲学就定位于突破已知、已有、已确定的视界，向未知、未有、未确定的层面推进。哲学家雅斯贝尔斯毫不犹豫地断定："从事哲学就是从事超越。"

哲学思维的超越性首先表现在对事物发展的预见性上。"不畏浮云遮望眼，只缘身在最高层。"哲学在思维中总是和现实生活保持一定的距离，能跳出当下，通过反思、批判，透过现象看本质，突破熟知得真知，达到对事物本质性、规律性的认识。马克思则明确地指出，哲学是"高卢的雄鸡"！真正的哲学不仅仅是一种概括、总结，还具有"报晓"和超前预测的功能。

但是，哲学的预见往往不为时人所理解，要背负时代的误解甚至是嘲

---

① ［古希腊］柏拉图：《游叙弗伦 苏格拉底的申辩 克力同》，商务印书馆 2017 年版，第 56 页。

讽,这样的例子在哲学史上数不胜数。我们仅以德国哲学家叔本华(Arthur Schopenhauer,1788—1860)为例,他在1818年出版后来成为经典名著的《作为意志和表象的世界》时信心满满,认为这部书不是为了转瞬即逝的年代而是为了全人类而写的,今后会成为其他上百本书的源泉和根据。然而该书出版10年后,大部分是作为废纸售出的,极度失望的叔本华只好援引别人的话来暗示他的代表作,说这样的著作犹如一面镜子,"当一头蠢驴去照时,你不可能在镜子里看见天使"。在柏林大学任教时,他试图和黑格尔在讲台上一决高低,结果黑格尔的讲座常常爆满,而听他讲课的学生据说从来没有超出过三人。叔本华的哲学过于超前,不属那个时代。直到晚年,时代才和他走到了一起,他才终于享受到了期待一生的荣誉。事实上,和很多终身不得志的哲学家相比,叔本华已经非常幸运了。

超越也意味着一种理想的创制。真正的哲学家都有着一种心系天下的人文情怀,在对现实进行反思、批判的过程中,必然会从一个新的角度来看问题、新的途径来探索问题,甚至用一系列理想的主张来试图解决问题,把人们对于世界"实存(be)"的研究引向"应该(should be)"的建构。从中国古代儒家的"大同世界"到古希腊柏拉图的"理想国",从康德拟订的"人类永久和平"的前途到马克思的共产主义理想,都表明哲学家绝不仅仅是社会的无情批判者,而且是充满激情的理想主义者。

哲学思维的超越还可能是一种洒脱超尘的人生境界。这种超越更多的是对尘世中功利的超越,追求内心的宁静与高远。古代马其顿国王亚历山大大帝爱好哲学,曾师从亚里士多德。一次,他去拜访哲学家第欧根尼,并询问第欧根尼有什么要求。第欧根尼爬进自己所住的酒桶说："只希望你让到一边，因为你遮住了照到我身上的阳光。"这被称为史上哲学家对世俗权力最意味深长的蔑视。而当时的亚历山大也大为感慨："如果我不是亚历山大，我就会做第欧根尼。"古希腊的另一位哲学家德谟克利特留下过这样的名言：与其做波斯国王，还不如找到一种因果关系。中国唐代大禅师南泉普愿（748—835）曾对弟子说"平常心是道"。弟子追问什么是"平常心是道"。南泉答曰："春有百花秋有月，夏有凉风冬有雪。若无闲事挂心头，便是人间好时节。"

　　就人生而言，哲学思维之超越品质最极致地体现在对于生死大事的领悟。苏格拉底告诉我们："真正的哲学家一直在练习死。在一切世人中间，惟独他们最不怕死……他们向来把肉体当作仇敌，要求灵魂超越肉体而独立自守。""如果你看到一个人临死愁苦，就足以证明他爱的不是智慧。"①

思考：

1. 为什么说真正的现实只有依靠思想才能把握到？

2. 逻辑思维与直觉思维各有什么特点，它们的关系是怎样的？

3. 哲学思维的怀疑与日常生活中的怀疑有什么不同？

4. 如何理解反思是"对思想的思想""对认识的认识"？

5. 举例说明什么叫"前提性批判"？

6. 如何理解哲学思维的超越品质？

---

① ［古希腊］柏拉图：《斐多：柏拉图对话录之一》，生活·读书·新知三联书店 2015 年版，第 25 页。

第四讲　哲学是人类文明精神的精华

哲学最初是在不同的民族中诞生的，形成了风格迥异的不同传统，以其独特的方式推动着各民族文明发展，进而共同推进着整个人类文明的进步。哲学无论多么特殊，都是人类文明的特别是精神文明的成果。在今天的社会生活中，哲学以一种十分重要的文化样式存在着。了解哲学在人类历史文化中的重要位置以及哲学对于人类历史文化的独特功能，是加深我们对哲学了解的重要方面。

一、时代精神的精华与文明的活的灵魂

人类文化的历史及人类精神的历史表明，在文化的坐标中，哲学居于核心的位置，真正的哲学是时代精神的精华，是文明的活的灵魂。

1. 真正的哲学是时代精神的精华

哲学是在世代更替的历史中产生、发展和发挥着作用的。任何时代人们的活动都可以大致归结为三个基本层面，即物质、制度和精神。物质活

动是人类社会得以存在的基础，制度生活是人类社会得以维系的保障，而对时代进行把握则是精神生活的功能。精神生活虽然从归根结底的意义上受制于人们的物质生活，但人们的精神生活本身是物质生活的一种否定和超越，奠基于人类实践的精神生活的发展是人类不断进步的动力和标志。

不同的时代有不同的时代精神。黑格尔曾经说过："时代精神是一个贯穿着所有各个文化部门的特定的本质或性格，它表现它自身在政治里面以及别的活动里面，把这些方面作为它的不同的成分。"①所谓时代精神是一个时代的人们在其实践中形成的、那个时代特有的集体意识。它反映着那个时代的主题、本质特征和发展趋势，体现着一个时代的精神气质、精神风貌和社会时尚，引领着人们的思想观念、价值取向、道德规范和行为方式。

反映时代精神的方式是多样的。神话、宗教、常识、科学、艺术等方式，都可以以自己的方式来把握时代，形成自己所理解的时代精神。哲学作为把握世界的一种特殊方式，它并不是一般地反映时代精神。黑格尔曾经说，哲学是思想所集中表现的时代。所谓集中，就是专门化、系统化。马克思更加鲜明地指出：

> "哲学家并不像蘑菇那样是从地里冒出来的，他们是自己的时代、自己的人民的产物，人民的最美好、最珍贵、最隐蔽的精髓都汇集在哲学思想里……哲学不是在世界之外"，因为"任何真正的哲学都是自己时代的精神上的精华。"②

---

① ［德］黑格尔：《哲学史讲演录》第 1 卷，商务印书馆 2017 年版，第 60 页。
② 《马克思恩格斯全集》第 1 卷，人民出版社 1995 年版，第 219—220 页。

真正的哲学是时代精神的精华。这一判断表明：

一方面，哲学离不开时代，世界之外的遐想不是真正的哲学。作为观念形态的哲学，总要以该时代提出的问题作为思考的对象和内容。哲学思考和处理这些问题的方式也不能不受到该时代人们生产、生活状况，政治、经济、科学、文化乃至当时思维水平和价值观念的深刻影响。哲学"不仅在内部通过自己的内容，而且在外部通过自己的表现，同自己时代的现实世界接触并相互作用"①。

另一方面，哲学对时代精神的反映与其他时代精神形态不一样。它集中了一个时代"最美好、最珍贵、最隐蔽的精髓"。哲学和其他的时代精神的关系是一般与个别的关系，哲学是对众多时代精神的反思、批判、抽象、升华、概括和凝练。

作为时代精神的精华的哲学必然反过来塑造着时代精神。哲学自它产生之日起，就被一定的社会或集团用以论证其制度的合法性，借以统一公众舆论、维系社会的统一思想信念，从而深刻地影响着一定时代的人们的思维习惯、社会心理、价值追求与精神面貌。

哲学对时代精神的塑造尤其体现在对时代及其精神的深远引导上。哲学对时代精神的把握，既不是表述时代状况的经验事实，也不是表达对时代的情感和意愿，而是以自己提出的新问题、新的提问方式以及对问题的新探索，表征着人类对时代的存在和发展的意义的理解与自我意识，并以这种自我理解与自我意识历史地调整和变革着人类的生存方式。

罗素从哲学家与时代的关系角度深刻地指出："哲学家们既是果，也

---

① 《马克思恩格斯全集》第 1 卷，人民出版社 1995 年版，第 220 页。

是因。他们是他们时代的社会环境和政治制度的结果，他们（如果幸运的话）也可能是塑造后来时代的政治制度信仰的原因。"①18世纪的法国启蒙运动是法国大革命的先导，而启蒙思想是启蒙运动的武器，是推动启蒙运动不断前进的力量源泉。在启蒙思想中，启蒙哲学是一种符合历史潮流、反映时代精神的"真正哲学"。伏尔泰（F. M. Voltaire，1694—1778）是当时公认的精神领袖，享有"启蒙运动之父"的美誉。法国大文豪雨果曾经说："只要谈起伏尔泰就等于说明了整个18世纪的特点。"在某种意义上，法国大革命的胜利确实就是伏尔泰思想的胜利。

真正的哲学是时代精神的精华。要了解一个时代，我们就必须了解那个时代的哲学——正如黑格尔所言，研究哲学可以认为是接受时代的较深精神的号召！要准确地把握一个时代的主题、特征和发展趋势，就不能不站在哲学的高度；要推动一个时代的发展，就不能不繁荣和发展哲学；要繁荣和发展哲学，就不能不研究我们所处时代的时代精神。

2. 真正的哲学是文明的活的灵魂

尽管从某种意义上可以说哲学是产生于对普遍性问题的惊讶，但哲学绝不是在人类已经在经验上形成一体的情况下才产生的。不同的民族产生了不同的文明，不同的文明孕育了不同的哲学传统，而真正的哲学是文明（文化）的活的灵魂。

正如把握一个时代最为关键的是把握这个时代的时代精神一样，把握文明最关键的是把握这个文明的精神维度。把握文明的精神维度在很大程度上就是把握一个民族在发展中积淀下来的民族精神。民族精神是一种社

---

① ［英］罗素：《西方哲学史》上册，商务印书馆2015年版，序言第4—5页。

　　　　　　　　　　　　　　　　　　　　　　　哲学入门　｜

会意识，是一个民族对其社会存在、社会生活的反映，是民族文化的深层内涵。在民族精神中，最为精华的就是这个民族的哲学。一方面，哲学是对民族精神的概括和提升，哲学以其特有的理论思维能力，以生存与发展的智慧形式，实现对民族精神的提炼和升华。另一方面，哲学又是民族精神形成的理论基础，哲学所展现的思维方式、价值观念和审美情趣，都是民族精神的重要源泉和方法论支撑。

关于哲学与民族精神、文明的关系，黑格尔有个著名的比喻，把哲学比喻为民族的庙堂之神。他说：

> "每一世代对科学和对精神方面的创造所产生的成绩，都是全部过去的世代所积累起来的遗产——一个神圣的庙宇，在这里面，人类的各民族带着感谢的心情，很乐意地把曾经增进他们生活的东西，和他们在自然和心灵的深处所赢得的东西保存起来。"①但是，"一个有文化的民族竟没有形而上学——就像一座庙，其他各方面都装饰得富丽堂皇，却没有至圣的神那样。"②

黑格尔所说的形而上学即是传统的哲学。所谓哲学是庙堂之神，就是说哲学是民族、文明的灵魂。

马克思在考察历史和现实的基础上指出："各种外部表现证明，哲学正获得这样的意义，哲学正变成文化（旧译为'文明'——引者注）的活的灵魂……这样的外部表现在一切时代里曾经是相同的。"③"灵魂"以言其重

---

① ［德］黑格尔：《哲学史讲演录》第1卷，商务印书馆2017年版，第9页。
② ［德］黑格尔：《逻辑学》上卷，商务印书馆2009年版，序言第2页。
③ 《马克思恩格斯全集》第1卷，人民出版社1995年版，第220页。

要，"活"则言其动力、生命力。以文明相对于野蛮、蒙昧而言，哲学是文明的活的灵魂，就意味着哲学就是文明之为文明的标志，或者说，哲学是文明的区别于非文明的标志；以文明作为族群、区域单元来看，哲学是文明活的灵魂，就意味着哲学不仅是一个民族真正成为民族的标志，而且是一个民族不断创新、进步的动力源泉。哲学家海德格尔就认为："这种无用的东西，却恰恰才真正地具有威力……能在一个民族历史的本真历事活动那里生发出最内在的共鸣谐响(Einklang)。它甚至可能是这种共鸣谐响的先声(Vorklang)。"①同时，文明、文化是一个有机体，哲学对文明、文化起着诊断、治疗的作用，就像尼采所说的，哲学家是文化的医生。正是由于哲学的治疗和保养(其方式主要是批判性的)，各民族的文化、文明才得以健康发展。反之，一个民族、文明的衰落往往可以从哲学上找到最根本的原因。

真正的哲学是民族文明的活的灵魂。要认识一种文明或了解一个民族，我们必须了解它的哲学；要使一种文明或一个民族能持续、有活力地存在下去，就必须依靠哲学提供不竭的动力源泉，就必须在不断的哲学创新中实现哲学的繁荣发展；要使哲学能不断得以创新和发展，就必须在挖掘、研究民族文明传统的同时吸收和借鉴一切人类文明的成果。

真正的哲学是时代精神的精华，是文明的活的灵魂。这就是哲学的文化坐标。要了解一个时代、一个文明或一个民族，就必须了解它的哲学。但是，"要了解它的哲学，我们必须在某种程度上自己就是哲学家"②。也

---

① ［德］海德格尔：《形而上学导论》，商务印书馆 2017 年版，第 11 页。
② ［英］罗素：《西方哲学史》上册，商务印书馆 2015 年版，第 8—9 页。

就是说，除了深入学习哲学之外，没有别的更好的办法。

二、哲学就是哲学史

时代不断更替，文明不断发展。因此，哲学不可能是一成不变的，哲学的发展变化便形成了哲学的历史，即哲学史。哲学是历史性的思考，哲学史是思想性的历史。黑格尔在其名著《哲学史讲演录》中雄辩地为我们揭示：哲学就是哲学史，哲学史是哲学的展开。

首先，哲学是在一定的历史条件下产生和发展的。作为思想精华的哲学只有在某一民族的精神文明发展到某个阶段才会出现。哲学既是以一定物质条件为基础的，更是一定社会思想文化的反映。并且，随着一定社会的物质、精神条件的变化，哲学也必然发生着变化。正是在这一意义上，哲学才能与时俱进地成为时代精神的精华。

其次，哲学在哲学史中得以展现和完成。"我们的哲学，只有在本质上与前此的哲学有了联系，才能够有其存在，而且必然地从前此的哲学产生出来。"①哲学史上存在着许多种哲学，没有一种哲学可以代表所有的哲学而被看作哲学本身。要想整体地把握什么是哲学，就必须研究哲学史。哲学自身的历史与哲学内部的逻辑是统一的，我们在哲学的"横截面"中所看到的共时性的哲学"机理"只有在历时的哲学历史中才能得到有深度的理解。

最后，对哲学史的研究本身是一种哲学活动。人是思想的存在物，哲

---

① ［德］黑格尔：《哲学史讲演录》第 1 卷，商务印书馆 2017 年版，第 9 页。

学史就是人的思想的历史。哲学史昭示的并不是外在于我们的事物的生成，而是我们自身的生成过程。一方面，对哲学历史的研究正是"对思想的思想"，这正是哲学反思性的规范内容，哲学史乃是哲学家们思想与"呼吸"的空间。另一方面，对哲学历史的研究乃是人类对自我生成历史，或对自我进行认识的重要方式。黑格尔说：

> "我们目前所研究的这种历史，就是思想自己发现自己的历史；而思想的情形是这样，即：它只能于产生自己的过程中发现自己；也可以说，只有当它发现它自己时，它才存在并且才是真实的。"①。

"哲学就是哲学史"的独特规定性给哲学的发展和研究带来了鲜明的诠释性和扬弃性特征。

1. 哲学的诠释性特征

不同于对一切人都是"一"和"同"的科学真理，哲学真理总是披着许多历史、文化的外衣，其中每一件都可能是真理的表现，都有其合理性。哲学乃是哲学史，研究哲学就必须研究哲学史。研究哲学史的重要工作就是研究已有的哲学文本。作为客观知识形态的哲学文本只能以理解和解释的方式进行。理解和解释是读者与作者的一种心灵的沟通，当然也是一种能动的阅读。任何一个时代的哲学研究者都是从他所处的时代出发去阅读、理解以往的哲学思想，从而形成自己独特的看法，领悟到个性化的人生智慧。

哲学家怀特海（A. N. Whitehead，1861—1947）曾经说过，几千年的西

---

① ［德］黑格尔：《哲学史讲演录》第 1 卷，商务印书馆 2017 年版，第 10—11 页。

　　　　　　　　　　　　　　　　　　　　哲学入门　|

方哲学不过是柏拉图哲学的注脚，而尼采和海德格尔则认为西方哲学从柏拉图开始就走偏了方向。这些断语除了表明柏拉图哲学的关键地位外，刚好从正反两方面说明了哲学的诠释性传统。中国哲学中有"六经注我"和"我注六经"之说。其实，就其广泛意义来说，这是适合于中西所有哲学研究的两种不同路径。无论是"六经注我"，还是"我注六经"，关键的是"我"与"六经"相关，只有在对"六经"的理解、解释中，在与先哲的"对话"中，我们才可能确立自己的哲学地平线，获得自己哲学创见的基本资源。

哲学诠释活动的能动性集中体现为理解的创造性、创新性。哲学按其时代精神精华的本性来说，必然在每一个时代按照新的时代条件历史地实现自己；每一个时代的哲学和哲学家们都会赋予哲学及其内容以崭新理解，从而推动哲学的发展。正是在这个意义上，我们说，经典的哲学著作是常读常新的。用冯友兰的说法，这叫"阐旧邦以辅新命"（语出《诗经·大雅·文王》："周虽旧邦，其命维新"）。哲学家雅斯贝尔斯甚至认为，从公元前800年到公元前200年，尤其是公元前500年前后，包括哲学在内的人类的精神基础已经同时并独立地在中国、印度、波斯、巴勒斯坦、希腊奠定；直到今天，人们的精神生活仍然导向这个所谓的"轴心时代"，人类的每一次飞跃都依赖于对"轴心时代"的回忆与回顾，如欧洲文艺复兴运动。几乎每一次哲学的发展都是依赖于从经典的哲学著作那里获得灵感和创见。返本开新是哲学研究、发展的重要路径和特色。

2. 哲学的扬弃性特征

哲学的诠释性并不意味着哲学的停滞和循环。每一个时代的哲学家们围绕着一些基本的问题，对以往哲学进行前提性的批判，形成前后相继的派别性争论。哲学家们往往强调回到哲学的原初起点，从头再来，并号称也坚信自己开辟了某种全新的哲学。石里克这样描述了哲学史上这种被人们"再三描述，反复慨叹"的场景：

> "恰恰是最伟大的思想家极少相信前人的、甚至古典名家的哲学研究成果是不可动摇的和永恒的。这可由下述事实来说明：基本上每一个新的体系都是整个从头开始，每一个思想家都追求他自己的坚实基础，而不愿意随着前人亦步亦趋。Descartes（不是没有理由）觉得他自己的哲学是完全从头开始；Spinoza 相信他采用（当然是非常外表的）数学的形式，已经找到了最终的哲学方法；Kant 确信，沿着他所开辟的途径，哲学将会终于走上一门科学的康庄大道。这样的例子不胜枚举，因为几乎所有的伟大思想家都把哲学的彻底变革看成必要的，并且亲自进行这种变革。"①

至少从表面上看来，哲学史成为一个不断否定、批判的历史。与别的学科相比，哲学也似乎一直没有什么长进，千百年过去，研究和争论的还是那些古老的问题。

这正是哲学发展的独特方式——以自我扬弃的方式进化着。所谓扬弃（意译自德语 aufheben），是一种包含着肯定的否定。每次哲学貌似回到起点的过程都包含、保留着以往哲学的积极成果，实现了一次螺旋式的上升。整个哲学史事实上乃是哲学不断进行自我追问的扬弃的历史，这种扬

---

① 《二十世纪哲学经典文本·欧洲大陆哲学卷》，复旦大学出版社 1999 年版，第 311—312 页。

弃是人类向着自己思维的极限进行挑战的真实路径，也是人类追求智慧的必然历程。

在历史上，一些哲学家，如马克思、维特根斯坦、海德格尔等都曾经宣告过哲学的终结。但哲学永远也不会真正地终结，终结的只是某种哲学或某种研究哲学的方式。那些宣告哲学终结的哲学家无一例外地建构了自己的哲学体系或者阐述了自己独特的哲学思想。这是哲学自我扬弃的重要表现。学习和梳理哲学的历史，必须透过阶段、派别、断裂标志林立的表象，看到整体哲学连续性的真实，看到哲学以无数个片面为代价集体铸就的全面与深刻，看到哲学通过历史而获得的自我发展与完善。

三、哲学的民族性与世界性

整体审视全部哲学的历史，我们不难发现：哲学不仅有时代性的内容、历史性的本质，而且有民族性的形式和世界性的问题。

1. 哲学的民族性

不同民族在很长时期内几乎是在相互平行的历史中进行着各自的哲学探索，形成了各自的"现世的智慧"与"文明的活的灵魂"，也就是各自具有鲜明的民族性的哲学传统。这些民族性的差异体现在哲学旨趣、哲学范畴、思维方式、表达方式等诸多方面。例如，中国传统哲学重在向善，讲究情理；西方哲学重在求真，讲究物理。中国传统哲学的天、地、道、德、性、命、礼、义、理、气、知、行等范畴与西方哲学的物质、存在、精神、本体、理念、主体、客体等范畴迥然有异。中国传统哲学更擅长整体、综合的思维方式；而西方哲学更重视分析、演绎的思维方式。中国传统哲学在表达上强调述而不作、遇物则诲，多文学性的隐喻，惯于用格言、警句、比喻、事例等形式——黑格尔认为中国传统哲学是"完全散文式的理智"，梯利（Frank Thilly，1865—1934）则认为"这种理论同诗和信仰交织在一起"①；西方哲学更注重逻辑的清晰严密和理论的系统性（在下一讲中，我们将比较详细地涉及中国哲学与西方哲学各自特点的比较）；等等。

各民族生活条件的差异是形成不同哲学传统的主要原因。一个民族的哲学传统是其共同生活条件的反映。印度著名诗人、哲学家泰戈尔（R. Tagore，1861—1941）曾经分析道："古希腊的文明孕育于城墙之内，实际上，一切现代文明都有其砖块和泥灰砌成的摇篮。"②人们生活在被城墙分隔的诸多小国里，因此习惯于把国家与国家、人和自然对立起来考虑。这种"分而治之"的思想传统，表现在哲学上就是主客二分的思维方式和强烈的怀疑精神。而印度文明诞生于森林，被大自然的浩大生命所包围，各方面都与大自然保持最密切、最经常的交流，他们从自然中获取生活资料和生产资料，能够充分体会到个人和宇宙之间的和谐，并且把这种和谐精神贯穿到他们的哲学传统中。当然，各民族的生活环境、生存条件是造成哲学民族性差异的起始条件，但并不意味着一种所谓的"环境决定论"。

各民族不同的历史经历也深刻地影响着哲学的民族性。不同民族的不同哲学传统也可以理解为不同民族的不同生活经历、历史经验的积淀。不

---

① ［美］梯利、伍德：《西方哲学史》，商务印书馆 2015 年版，序论第 3 页。
② ［印度］罗宾德拉纳特·泰戈尔：《人生的亲证》，商务印书馆 2017 年版，第 1 页。

哲学入门 |

同民族在不同时代遭遇不同的时代主题是由各民族历史发展的差异性决定的。例如，现代西方哲学的特点无疑与近代以来文艺复兴运动、资产阶级革命、两次世界大战、科学技术的兴起及对社会造成的正反两方面影响有着密切的关系。同样，中国长期以来的大一统的中央集权状态，复杂而组织化的家族制度，以及民族、文化不断大融合的历史，都深刻地影响着中国哲学的特点。正如罗素所言："哲学乃是社会生活与政治生活的一个组成部分：它并不是卓越的个人所做出的孤立的思考，而是曾经有各种体系盛行过的各种社会性格的产物与成因。"①

不同的语言文字，也是形成不同哲学传统的重要原因。语言是人类思想表达的工具。哲学家们只有在熟练地运用本民族语言的基础上，才能够自由、充分地表达自己的思想，该民族也才能拥有自身的哲学。任何一种语言都包含着这个民族历史积淀下来的"只可意会、不可言传"的"言外之意"。蒯因（Quine，1908—2000）甚至断言，两种不同民族的语言在根本上是不可以相互翻译的。我们可以试着对下面两句名言进行英汉互译，体会其中的差异。

1. 道可道，非常道。

2. To be or not to be，it's a question.

语言的壁垒在很大程度上区隔了哲学不同的可能性空间，表征和延续着哲学殊异的民族趣味与传统。当然，语言差异也可能在彼此的翻译过程中阴差阳错地发生"化学反应"，产生意想不到的新奇收获。例如，中国古来并没有学科意义上的哲学，今日中国学科意义上的哲学是在西学东渐

---

① ［英］罗素：《西方哲学史》上册，商务印书馆 2015 年版，美国版序言第 1 页。

的背景下，哲学家和哲学工作者们译读西哲，创造性地建构起来的。

即使是在全球化进程日益加速的今天，哲学的民族性仍然十分鲜明。首先，哲学的民族性是一种历史的真实存在，历史不可能割断。其次，正是在全球化的进程中，民族文化成为民族国家(nation state)极其重要的自我认同标识，而哲学乃是民族文化的核心和民族的庙堂之神。最后，从世界历史的高度来看，任何一个民族的智慧在彰显或澄明某些真理的同时，往往难以避免地遮蔽了另一些真理。面对今天人类面临的生存危机，多民族哲学的存在客观上形成了一种多样性的文化生态，蕴藏着更多可能的智慧资源。因而哲学的民族性不仅是事实性的存在，也是人类必要的追求。

2. 哲学的世界性

哲学的民族性是哲学特殊性的一种表现。与此同时，不同民族的哲学还有着明显的共性。例如，他们都是一种区分于神话、宗教、常识、艺术、科学的一种把握世界的特殊方式；他们都是时代精神的精华，是文明的活的灵魂；他们都具有怀疑、反思、批判、超越的思维品质；在他们不同的哲学范畴背后可以看出都围绕着一个共同的哲学基本问题；他们都形成了大致相同的基本理论领域；等等。甚至，不同民族的不同哲学家会在不同条件下以不同的民族语言得出基本相同的哲学结论或意趣相当的哲学体系。20世纪，德国哲学家哈贝马斯(Jurgen Habermas，1929—　)与中国的邓小平都提出了"科学技术是第一生产力"的命题。

哲学具有世界性的根本原因在于不同民族都从属于人类这一基本事实。人类作为一个"类"，以一种相同的，也就是类的存在方式——实践的方式——在世。作为与动物相区分的实践必然具有一些共同的规定性。

在此共同规定性基础上形成的文化差异性总是有着某种共通性。语言学家乔姆斯基（A. N. Chomsky，1928—   ）经过研究发现了不同民族语言的"深层的普遍特性"；后现代历史哲学家海登·怀特（Hayden White，1928—2018）指出不同的历史叙述存在共有的"深层结构"。整个人类拥有着一个共同的、作为单数的文化，这种文化是全人类共同具有的意义之网，可能外在于每个具体的成员，却内在于人类集体之中。雅斯贝尔斯断定：

> 哲学本质上"是对人类根本的普遍性，对所有人与人之间的联系的一种活生生的表达（living espression）……尽管哲学思想派别繁多，尽管各派思想互相对立，彼此排斥，自命为真理，但是，在所有的哲学中都有着一个'一'（one），没有人拥有这个'一'，但一切认真的努力无论何时都为之神迷"。①

各民族哲学的终极目的的一致性也表明他们的哲学必然具有共同性。任何民族的哲学的终极目标不外乎人的幸福与自由，差别只在于对幸福与自由含义的不同理解和达致的路径殊异。中国古代的《周易》有云："天下同归而殊途，一致而百虑。"哲学的世界性与民族性，也可作如是观。

在当代，哲学具有世界性的根源主要与全球化有关。首先，随着全球化进程的加速，不同民族的具体实践（生产、生活、交往）方式都有很大的趋同。这些都是每个人能直接感受得到的。哲学作为现世的智慧和时代精神的精华，必然要反映这种现实。其次，全球化导致了各民族交往的高度发达，哲学的交往也成为民族交往的重要维度。最后，人类面临着一些

---

① ［德］卡尔·雅斯贝尔斯：《智慧之路》，中国国际广播出版社 1988 年版，第 7—8 页。

共同的问题也决定了各民族哲学必须具有一定的共同性或公共性。在共同的生存危机面前，人类确实成了整体攸关的命运共同体，协同彼此的思想文化资源，依靠共同的智慧克服危机，是各民族的共同任务。

马克思早就预言："必然会出现这样的时代：那时哲学不仅在内部通过自己的内容，而且在外部通过自己的表现，同自己时代的现实世界接触并相互作用。那时，哲学不再是同其他各特定体系相对的特定体系，而变成面对世界的一般哲学，变成当代世界的哲学。"①今天处于全球化时代的人类正在自觉不自觉地追求着某种世界哲学。但同样可以肯定的是，不仅这种追求是"路漫漫其修远兮"，而且即便是达成某种世界哲学，各个民族也一定会因为习惯、语言、思维方式等原因而以自己的方式去表达和理解。哲学的民族性与世界性的二重性在可预见的时期内，都只能看作是哲学存在与发展的一种实在的，也是必要的张力。

思考：

1. 从哲学与时代精神、民族精神的关系思考哲学在人类历史中的文化坐标。

2. 如何理解"哲学就是哲学史"？这一命题对于学习、研究哲学有什么启示？

3. 哲学民族性与世界性的各自理由有哪些？

4. 从哲学的角度如何理解"越是民族的就越是世界的"？

5. 立足于全球化的背景，思考中国哲学与外国哲学的应然关系。

---

① 《马克思恩格斯全集》第 1 卷，人民出版社 1995 年版，第 220 页。

哲学入门　|

第五讲　东西文明及其哲学

今日世界之哲学，无不是以往哲学传统的延续与发展。在各种哲学传统的延续与发展中，它们相互交往、彼此互动，对各自都产生了深刻的影响。就此而言，今日世界之哲学，又无不是各个哲学传统相互影响的一种"效果历史"。选择对今日世界之哲学影响最为重要的哲学传统，了解它们的旨趣、历史及相互关系，无疑是我们鸟瞰、理解哲学的重要方式。

一、五大文明及三大哲学传统

哲学是民族文明的活的灵魂，不同的文明孕育着不同的哲学传统。在现代世界，影响最为广泛的哲学传统主要有三：西方哲学传统、中国哲学传统和印度哲学传统。

1. 古希腊罗马文明与西方哲学传统

西方哲学传统源于古希腊文明。很多西方人都同意哲学家黑格尔的下列说法："一提到希腊这个名字，在有教养的欧洲人心中，尤其在我们德国人心中，自然会引起一种家园之感。"①梯利则不无夸张地说："希腊人不仅奠定了一切后来的西方思想体系的基础，而且几乎提出和提供了两千年来欧洲文明所探究的所有的问题和答案。"②古希腊的地域比现在的希腊国要大得多，几乎包括了整个地中海东部地区和岛屿。希腊文明可以追溯到始于大约公元前2000年的爱琴文明。但是直到公元前11世纪到公元前9世纪(荷马时代)古希腊才进入奴隶社会，后来建立了许多城邦奴隶制国家。公元前5世纪，以雅典为代表的古希腊城邦国家处于极盛时期。古希腊时的地中海交通十分便利，文化交流十分活跃。古希腊在大量吸收古代巴比伦、古代埃及等外来文化积极成果的基础上，创造了自己辉煌的文明，他们在自然科学、民主政治、建筑、文学、体育、艺术等方面取得了斐然成就。这种辉煌的文明与古希腊远古的神话传说一起孕育了西方哲学。

古希腊神话传说在荷马(Homer，公元前9世纪)所著《伊利亚特》和《奥德赛》这两部史诗以及赫西俄德(Hesiod，公元前8—前7世纪)所编的《神谱》中保存得很完整。希腊神话的一大特色就是神和人是同形同性的，神具有人的形象和人的感情、欲望、性格，很世俗化，甚至人和神之间还有血缘关系。希腊神话的另一特色是倾向于展现人的力量的潜能，重点不在于描述如何创造世界，而在于征服世界。这反映了古希腊人积极、进取的处世态度，也深深影响了后来的西方哲学传统。在古希腊神话中，阿波罗(Apollo)、狄奥尼索斯(Dionysos)等神和关于奥尔弗斯(Orpheus)的传说

① ［德］黑格尔：《哲学史讲演录》第1卷，商务印书馆2017年版，第173页。
② ［美］梯利、伍德：《西方哲学史》，商务印书馆2015年版，第3页。

对后来的哲学有重大影响。阿波罗和狄奥尼索斯分别是太阳神和酒神，阿波罗象征理性与秩序，狄奥尼索斯象征本能冲动、无序。按照尼采的说法，这两者的斗争构成了西方文化及其哲学的历史。奥尔弗斯相传是古色雷斯王的儿子，公元前8世纪形成崇拜他的宗教，希望通过一种"神秘灵感"，与神相通和合一，以此获得神秘知识。这种神秘的成分随着毕达哥拉斯进入古希腊哲学特别是柏拉图哲学，从而影响了整个西方哲学。

古罗马本是意大利半岛上一个小城邦，公元前146年征服了马其顿所属的希腊，后来成为地跨欧、亚、非三洲的大帝国，在继承古希腊文明的基础上创造了灿烂的古罗马文明。随着罗马帝国的扩张和欧洲国家之间的频繁交往，整个欧洲哲学都在古希腊罗马哲学的源头上发展起来。新航路的开辟和西方列强对全世界的殖民扩张，使西方哲学传播和影响到美洲及世界各地。在此过程中，西方哲学本身也不断地发展，西方哲学传统逐渐成为世界上影响最大的哲学传统。现代的西方哲学主要包括现代欧洲的哲学和现代美国的哲学，因此，人们也常称现代西方哲学为欧美哲学。

在中国，一般把西方哲学划分为古希腊罗马哲学、中世纪哲学、近代哲学和现代哲学等阶段。比之于其他哲学传统，西方哲学的"重智"特色十分鲜明，劳思光(1927—2012)曾把西方哲学史概括为"由智达德"(苏格拉底、柏拉图)、"以智辖德"(笛卡尔、斯宾诺莎)、"穷智见德"(康德、黑格尔)的历史。[①]

2. 古中华文明与中国哲学传统

古代中国文明具有多源性。除作为主体的黄河流域外，长江流域、珠

[①]　劳思光:《哲学问题源流论》，香港中文大学出版社2001年版，第23—30页。

江流域，甚至西南、东北地区，都是中国文明的发祥地。远古时期，黄河流域部落联盟不断兼并，留下"三皇五帝"（燧人、伏羲、神农和黄帝、颛顼、帝喾、尧、舜）的传说，成为远古时代华夏文明与智慧的象征。公元前21世纪夏朝建立，中国进入奴隶社会。伴随着氏族、部落的相互兼并和统一，原来众多的氏族神、部落神开始向统一的至上神"（上）帝"转化，后来又演变为"天命"，人们通过占卜、祭祀的方式来沟通与上帝、天命的关系。形成于商末周初的《易经》就是对这些卦象的记载，后来转变为对未来的预示。对预示加以解释，就是卦辞和爻辞。这些事实上成为中国古人一种对自己生活实践活动的自我阐释，集中反映了华夏民族原始理论思维，成为中国哲学智慧的渊源。

中国哲学孕育于夏商周三代，形成于春秋战国时期，发展至今已有3000多年的历史。大致可以分为先秦哲学、秦汉哲学、魏晋南北朝哲学、隋唐哲学、宋明哲学、明清之际哲学和近现代哲学等阶段。三代文化孕育了中国哲学，也预示着后来中国哲学传统的基本特色。

首先，中国哲学传统的基本思路是"穷神知化"（《周易·系辞下》）。所谓"神"不是人格的神，而是天命、天道；所谓"知"不是西方式的逻辑思辨，而是直觉感悟；所谓"化"不仅指宇宙自然变化，而且指宇宙与人事道德统一（天人合一）的变化；"知化"本质上是对人的生命实践条件与规则的领悟；"穷"是通过诚意正心而来，神不外在于人心，所谓"至诚如神""唯天下之至诚为能化"（《中庸》）。

其次，中国哲学传统有着鲜明的辩证思维特点。中国传统哲学的核心是阴阳变易观念。《周易》云："一阴一阳之谓道"，"天地之大德曰生"

哲学入门 |

"生生之谓易"。此后的和合、中庸等思想皆可溯源于此。无论是儒家、道家、法家、墨家，还是兵家、阴阳家，中国哲学的核心思想一以贯之地具有矛盾、联系、变化地看问题的特点。

再次，中国哲学传统富于浓郁的人伦社会情结。中国古代社会以血缘宗法为纽带，中国哲学聚焦于家族、社会生活，对自然和超自然问题较少关注。所谓"子不语怪力乱神"（《论语·述而》）；"六合之外，存而不论"（《庄子·齐物》）。即使"祭神如神在"，目的也是为了解决人们生活中的现实问题。

最后，中国哲学传统特别注重道德修养。作为中国哲学主流的儒家哲学强调在反求诸己中追求内圣外王的境界。所谓内圣，即不断完善自身的道德修养，从而达到圣人的境界；外王，则是治国济世、建功立业，主要是社会政治实践。这其中，内圣是核心、前提和关键。正所谓"自天子以至庶人，壹是皆以修身为本"（《大学》）。

3. 古印度文明与印度哲学传统

古代印度在空间上约相当于今天印度、巴基斯坦、孟加拉国、尼泊尔等国的地域。公元前3000年左右，印度河流域形成印度河谷文明（哈拉巴文化）。公元前1750年前后，这一文明骤然衰落，原因至今不详。公元前1500年前后，印欧语系的雅利安人陆续自中亚南下进入次大陆，先后占领印度河流域和恒河流域。其间，其原始氏族组织逐渐解体，至公元前1000年形成奴隶制国家，同时形成严格的社会等级制度，即"种姓制度"。公元前10世纪形成以祭祀为核心的原始宗教婆罗门教。公元前6世纪初，印度北部形成十六国，各国内部社会矛盾与阶级斗争十分尖锐，产生了佛教等一些新宗教。公元前 3 世纪，孔雀王朝在阿育王（Asoka）统治时期（公元前 273—前 236）达到全盛。阿育王死后，帝国即告分裂，形成许多独立的国家。此后，不断统一和分裂，而且是短暂的统一和长期的分裂。这种经历，加之印度文化重口传、密传，导致印度历史记载的不完全、不系统、不确切。黑格尔曾经感慨："没有比印度人的年代记载更纷乱、更不完全的。没有一种民族在天文学、数学等方面已经如此发达而对于历史学却如此之无能。在他们的历史中，年代既没有确定，也没有联系。"①

古代印度神话众多，从公元前 1200 年开始逐渐形成的《吠陀》（Veda）这一经典文献被认为是古代圣人受神的启示而写出来的，对印度哲学传统有着深刻的影响。吠陀，指万神并存的知识。广义的吠陀还包括较晚出的梵书、森林书和奥义书。其中的奥义书（Upanishad，梵语坐近之意，引申为秘密传授）在很多方面已开始摆脱宗教神话的内容，以思维论证的方式来探讨人的本质、宇宙的根源、人和精神世界的关系、死后的命运等带有哲学意义的问题。其中最为重要的是"梵我不二"的哲学思想。其意为：作为外在的、宇宙的终极原因的梵（Brahman）和作为内在的、人的本质或灵魂的阿特曼（Atman）在本性上是同一的。如果人能摈弃社会生活，抑制七情六欲，实行达摩（Dharma，法、正道）的规定，那么，他就可以直观阿特曼的睿智本质，亲证梵和我同一，从而获得解脱。

印度哲学的历史十分独特，那就是对传统的极端尊重，几乎看不到明显的创新和发展。正如当代印度哲学家德·恰托巴底亚耶（D. Chattopadhyaya）所言：

---

① ［德］黑格尔：《哲学史讲录》第 1 卷，商务印书馆 2017 年版，第 144—145 页。

哲学入门

"许多互不相容的哲学观点都有相当悠久的渊源，此后的哲学活
动(至少在意图上)只是这些原始观点的发展。哲学家相继出现，但
一般地说，基本上不提供任何新的哲学，而是每个人支持一种古代体
系，想要再一次维护它，使之合理化；他们充实前人的论证，而不是
试图寻找其中的错误。简言之，许多互不相容的哲学同时发展，或者
用一种恰当的说法，叫做'类型保持相同'。"①

　　一般把印度哲学传统分为古代哲学(奥义书时期、史诗时期、经书时
期)、中世纪哲学、近代哲学和现代哲学等发展阶段。

　　比之于西方哲学传统和中国哲学传统，印度哲学与宗教有着更为密切
的关系。印度哲学与宗教是一种直接继承或蕴涵的关系，宗教的基本意向
及其基本问题所在，就决定了这些哲学的旨趣及基本问题所在。黑格尔指
出："印度文化是发达、很宏大的，但是它的哲学是和它的宗教合一的；
所以他们在宗教中注意力所集中的对象和我们在哲学中所发现的对象相
同。"②印度从古至今是一个宗教信仰盛行的国家，宗教无论是对印度历代
的上层统治者，还是下层的人民群众，都有巨大影响。

二、东西哲学传统特色比较

　　哲学是人在世的智慧，也是关于思维运用的学问。我们可以从倡导和
呈现的在世态度与思维方式的角度来粗略地比较一下东西三大哲学传统的

---

① ［印度］德·恰托巴底亚耶：《印度哲学》，商务印书馆 1980 年版，第 19 页。
② ［德］黑格尔：《哲学史讲演录》第 1 卷，商务印书馆 2017 年版，第 145 页。

各自特点。

1. 在世态度的差异

在世态度是人们领悟自己的在世状态之后的抉择，它决定着人们的生活方式和文化样式。中国哲学家梁漱溟(1893—1988)从生命哲学的角度把这种存在态度称为意欲(will，劳思光称为心灵活动方向)。梁漱溟在《东西文化及其哲学》中关于三大哲学传统的比较十分经典，他说：

> "所有人类的生活大约不出这三个路径样法：(一)向前要求；(二)对于自己的意思变换、调和、持中；(三)转身向后去要求；这是三个不同的路向。这三个不同的路向，非常重要，所有我们观察文化的说法都以此为根据"。"西方化是以意欲向前要求为根本精神的"。"中国文化是以意欲自为调和，持中为其根本精神的。印度文化是以意欲反身向后要求为其根本精神的。"①

也就是说，从在世状态上看，西方哲学传统具有强烈的入世态度，强调一种征服世界、改造世界的精神。印度哲学传统是一种出世的态度。在受宗教深刻影响的印度哲学看来，世界和神并不成为什么问题，只有"我"才是问题的所在，即自我解放、自我解脱才是人至高无上的追求。中国哲学传统则似乎介于二者之间，对世界的本源、神圣不很关注，对来世的向往也不很强烈，焦点放在现实的社会生活，是一种现世的态度。这种现世是把入世与出世统一起来成为一个整体："儒家'游方之内'，显得比道家入世；道家'游方之外'，显得比儒家出世。这两种思想看来相反，

---

① 梁漱溟：《东西文化及其哲学》，上海人民出版社 2020 年版，第 75、76 页。

其实却是相反相成，使中国人在入世和出世之间，得以较好地取得平衡。"①

正是基于这种在世态度的差异，三大哲学传统的哲学成就也就表现不一，一如梁漱溟所言，西方哲学的重心在理智哲学，印度哲学的重心在宗教哲学，中国哲学的重心则在于人生哲学。

2. 思维方式的差异

梁漱溟曾经比较三大哲学传统思维方式上的差异，认为西方哲学注重理智，中国哲学注重直觉，印度哲学注重现量（感觉）。其实，相对于西方哲学而言，在思维方式上，中国哲学与印度哲学的同要远大于异，都不太注重纯粹的理性认知，带有强烈的经验特点和实用倾向。因此，我们可以简约地从东方哲学与西方哲学的角度来比较思维方式的差异。

首先是外向与内向的思维向度的差异。西方哲学的主流思维是外向型的，总是倾向于向外（自然、社会）扩展来求证自己的力量。乐于探索、敢于冒险、好于征服成为西方文化传统的重要特色。东方哲学传统的主流思维则是内向型的。中国传统哲学十分强调反省，儒家希望通过反省发现和发扬自己内心的"善端"，甚至发现整个世界——陆九渊所谓"宇宙便是吾心，吾心即是宇宙"（《杂说》）；道家强调通过静养以悟天地之道。它们共同之处在于都强调修身养性的基础作用。印度哲学注重内心直觉，亲证梵我同一，以获得人生的解脱之道。简单地说，西方侧重于向外"穷（天）理"，东方侧重于向内"尽（人）性"。

---

① 冯友兰：《中国哲学简史》，生活·读书·新知三联书店 2013 年版，第 30 页。"方"即方圆规矩，指世俗礼法，即今天所谓现实社会。

其次是个体与整体的思维价值取向上的差异。西方哲学传统一直崇尚个体的独立价值，甚至将个体价值奉为最高价值（尽管存在过中世纪的整体主义价值导向时期），个人主义就诞生在西方文化之中，直到现在仍然是西方文化和西方哲学的核心价值观念。从方法论上，西方哲学传统也倾向于从个体出发去理解集体、社会的构成。与此相反，东方哲学传统普遍尊崇整体、集体的首要价值，每个个体的价值都要在集体的价值中才能得到显现。① 如在古代中国，个体的人完全从属于家族和国家，并在这种从属中才获得自己的意义。为国尽忠、光宗耀祖、封妻荫子成为很多人的人生价值。在方法论上，东方社会也倾向于从社会结构的角度去把握个人，重视一个人的家庭出身、社会身份。

最后是理智分析与直觉综合的思维方法差异。西方哲学传统长于严谨、精细的逻辑分析；东方哲学，尤其是中国哲学长于总体性的、涌现式的直觉和综合。西方哲学倾向于将整体的东西无限地还原为部分进行研究，这种思维也被称为原子式思维；东方哲学倾向于把事物看成有机的整体，相信各个部分有着复杂而不可还原、分割的联系。在人与世界的关系上，西方哲学最终发展出鲜明的主体、客体思想；而东方哲学，无论是中国哲学还是印度哲学都倾向于把人与世界视为一个整体，强调天人合一或梵我不二。

"这种思想主张：人能够超越'主—客二分'而达到主体与客体完全合一的状态。在这种状态中，一切对象性（objectness）都已消失，

---

① 陈来将中华文明的价值取向概括为四条：责任先于自由，义务先于权利，群体高于个人，和谐高于冲突。参见其著《中华文明的核心价值：国学流变与传统价值观》，生活·读书·新知三联书店 2015 年版，第 51—56 页。

并且连'我'也销声匿迹。然后，真实的存在向我们展现，就象我们从恍惚中清醒过来一样，给我们留下了一种具有深奥和无尽含义的意识。"①

需要指出的是，一方面东西方哲学的特色不能简单地比较优劣，而是各有其利弊，最好是相得益彰；另一方面这些特色主要是就传统哲学而言的，并非如今都如此。这些传统特色在全球化、现代性高度发展的今天都发生了巨大改变。

除开上述三大哲学传统外，在世界哲学发展的历史中具有一定影响的哲学传统还有朝鲜哲学、日本哲学、巴基斯坦哲学、越南哲学、阿拉伯哲学、俄罗斯及其他地区的一些哲学。它们或多或少都受到了三大哲学传统的影响，但又具有各自的特点。其中，阿拉伯哲学在中世纪起到了向西欧传播古希腊罗马哲学特别是亚里士多德哲学的媒介作用，它对亚里士多德哲学亦有重大发展，成为世界哲学发展史上的一个重要环节。

三、东西哲学的相互影响

随着民族交往的增加，不同民族文化的交流也就成为了必然，作为各具特色的各民族文明的活的灵魂的哲学也在交流中相互碰撞、相互影响、相互启发、相互促进，推动整个人类精神的发展。立足中国，我们将从西方哲学、印度哲学对中国哲学的影响和中国哲学对西方哲学、印度哲学的

---

① ［德］卡尔·雅斯贝尔斯：《智慧之路》，中国国际广播出版社 1988 年版，第 21 页。

影响两个方面来进行简略了解。

1. 西方哲学、印度哲学对中国哲学的影响

西方哲学对中国产生影响首先是基督教哲学，时间最早可以追溯到唐代。公元 635 年，基督教聂斯脱利派（Nestorians）传教士叙利亚人阿罗本（Olopen）将基督教传入中国。在当时基督教被称为景教，盛极一时，阿罗本一度被唐高宗尊为"镇国大法王"。但后来的武宗灭佛（公元 845 年）株连景教，致其一蹶不振。13 世纪中叶，罗马教皇的使者、传教士以及蒙古西征掳来的基督徒相继来华，使元代的基督教（时称"十字教"或"也里可温教"）传播一度复兴。但这种复兴随着元朝的终结而顿挫。

西方文化及其哲学之正式传入中国，其奠基工作一般认为是从意大利人利玛窦（Matteo Ricci，1552—1610）入华开始的。他的工作使基督教（时称"天主教"）得以被明末的一些达官显贵和知识分子所了解和接受，影响延及清朝康熙时期。传教士们最早所介绍的西方哲学主要是中世纪奥古斯丁、托马斯·阿奎那的哲学。中国学者徐光启（1562—1633）通过与利玛窦合译《几何原本》而对西方逻辑学有所认识；葡萄牙传教士傅泛际（Francois Furtado，1557—1653）和李之藻合译了《名理探》一书及后来比利时传教士南怀仁（Feidinand Verbiest，1623—1688）翻译的《穷理学》对亚里士多德的逻辑学进行了系统介绍。"费录所费亚"（即 Philosohia）的说法也在此时传入中国，并以中国理学比附之。

基督教在其传入过程中与中国的儒家、佛教都发生过论争，分别叫天学与理学的论争、天学与佛学的论争。17、18 世纪，基督教在中国又引起了所谓礼仪之争，焦点就是中国基督徒能不能或应不应该继续参与"祭

祖"。论争最终以罗马教廷的专断否定祭祖在教义上的合法性和康熙、雍正的"禁教"而画上句号。中西文化及哲学的交流随之中断。总的来说，直到 19 世纪初，一方面由于东西交往的不发达；另一方面由于中国在世界上的强大，西方哲学对中国的影响是十分有限的，它远远赶不上印度哲学(主要是佛教哲学)对中国的影响。

鸦片战争后，学习、借鉴西方哲学逐渐成为中国先进知识分子批判本国落后状况，寻求救国自强的精神武器。洪秀全(1814—1864)领导的太平天国运动所组织的"拜上帝教"就吸取了基督教哲学的平等、博爱等思想。19 世纪中期，一些开明地主、官员在进行洋务运动的同时，争论应该如何吸收西方文化，形成"中体西用"与"西体中用"两派，所谓"体"在此就是价值核心和指导思想的意思。主张"西体中用"的人其实就是强调西方文化及其哲学思想对中国的指导作用。随之，译介西方哲学著作也成为一种潮流。英国传教士艾约瑟(Joseh Edkins，1823—1905)通过翻译和中文编著向国人系统介绍了亚里士多德、笛卡尔、培根、莱布尼茨、休谟、康德、斯宾塞等人的哲学。与此同时，中国学者以极大的兴趣学习和翻译西方哲学特别是西方近现代哲学。其中，最著名的是严复(1854—1921)，他先后翻译了赫胥黎的《天演论》、亚当·斯密的《原富》、孟德斯鸠的《法意》、约翰·穆勒的《群己权界论》和《名学》、斯宾塞的《群学肄言》等西方名著，将西方的进化论、实证主义哲学、法哲学思想介绍到中国。1905年，革命党人朱执信还开始了对马克思主义哲学的介绍。

西方哲学的输入对于近代中国社会的变革起到了巨大的推动作用：逐渐破除了传统思维对于人们的束缚；为中国社会的变革培育了一批中坚力

量；直接为现实的政治斗争提供了理论指导。康有为、梁启超（1873—1929）的哲学思想及其领导的戊戌变法都受到西方哲学的重要影响。此外，清朝末年，清政府开始实行留学生制度，留学归来的青年学生促进了西方哲学在中国的传播。辛亥革命则完全是一场以西方资产阶级政治哲学思想为指导的资产阶级革命，它使得西方政治哲学的民主、自由观念深入中国知识分子的心灵。

五四新文化运动是以西方哲学为核心的西方文化来批判中国传统文化、建立新的中国文化的运动。这一时期，现代西方哲学中的科学主义、人文主义思潮的各种派别和马克思主义哲学都被比较系统地介绍到中国。英国哲学家罗素和美国哲学家杜威（John Dewey，1859—1952）分别于1919年、1920年来华讲学，体现了西方哲学在中国影响的一时之盛。随着中西哲学的交汇，出现了以康有为、辜鸿铭为代表的顽固守旧派与陈独秀（1879—1942）、李大钊（1889—1927）为代表的新青年派之间的论争，事实上为后来的东西文化论战、科学与人生观论战拉开了序幕。正是在五四时期，马克思主义哲学在中国真正传播开来，并从一开始就与中国革命结合在一起，最终形成了中国化的马克思主义哲学——毛泽东哲学思想。马克思主义哲学在本来意义上是属于现代西方哲学范畴的，而1949年后马克思主义哲学在中国成为国家哲学，这表明西方哲学影响中国及其哲学是多么深刻。

中华人民共和国成立以后，曾经一度将马克思主义哲学之外的西方哲学以唯心主义哲学、资产阶级哲学的名义加以批判和禁止传播（只对其唯物主义派别有所宽容）。改革开放以来，西方哲学开始较全面、及时地介绍到中国，存在主义、弗洛伊德主义等各个流派都对中国、首先是对中国知识分子产生过影响。到现在，西方哲学对中国的影响几乎是同步的，西方产生了什么新的哲学流派，在中国马上就有人进行研究。正是西方哲学的大规模传播和中西哲学的深入交汇（包括五四时期和改革开放以后），促成了中国现代哲学流派的诞生。

印度哲学对中国的影响主要是宗教尤其是佛教的影响。公元前2年（汉哀帝元寿元年），大月氏王使臣伊存口授浮屠（即佛陀）经，此为佛教传入中国内地之始。从后汉末年开始，中国人就致力于翻译佛典，到北宋末年的一千多年时间中，汉译佛典达5000多卷，其中最著名的译者是玄奘。佛教传入后又形成不同宗派，极大地影响了中国的思想文化及其核心哲学。中国道教吸收佛教的一些内容和戒律，逐渐完善。宋明理学的形成得益于诸多借鉴佛教思想，谭嗣同的哲学思想更是直接受佛教影响，章太炎甚至用印度哲学反对当时日益流行的基督教。20世纪初，受日本的影响，中国学界对印度哲学兴趣大为增加，尤以梁漱溟为代表。1924年，印度著名文学家、哲学家泰戈尔对中国进行访问，对当时文化界产生巨大冲击，直接影响到当时正在进行的东西文化论战。这可以看成是现代哲学史上印度哲学对中国哲学产生影响的生动写照。

2. 中国哲学对西方哲学和印度哲学的影响

尽管古希腊就有关于中国的记载，但直到元朝的崛起才使西方在与中国人的直接会面中视野得以突然扩大。旅行家马可·波罗（Marco Polo，1254—1324）的游记激起了西方了解中国及其文化的极大兴趣。传教士利玛窦不仅是将西方哲学介绍到东方的第一人，也是将中国哲学介绍到西方的先驱人物，他曾于 1591 年将《四书》提要译为拉丁文，其晚年所著《中国传教史》曾经在西方产生了重大影响，书中指认中国所熟悉的唯一较高深的哲学就是道德哲学。从 16 世纪末开始的一个半世纪里，主要依靠传教士的翻译，《易经》《道德经》等中国哲学的主要文献及其基本思想大体上都已经传入西方。17、18 世纪的礼仪之争的后果虽然中断了中西交流，但也正是在礼仪之争中，中国成为欧洲最热门的话题，从而刺激了西方汉学（Sinology）的兴起和欧洲持续的中国热，出现了研究中国文化及哲学的专职人员。甚至可以说，欧洲的中国热使得中国哲学的思想对欧洲的哲学变革起到了积极的作用。

在法国启蒙时期，笛卡尔、帕斯卡尔已经信手拈来地谈论中国文化；1641 年，瓦耶尔第一次在书上将孔子称为中国的苏格拉底；马勒伯朗士（N. Malebranche，1638—1715）写过题为《一个基督教哲学家与一个中国哲学家的对话》的著作，对中国理学有所介绍；培尔指出中国哲学的无神论倾向，认为中国是"无神论社会"的典范；法国启蒙运动的旗手和精神领袖伏尔泰崇拜孔子，对中国的道德与人心、人生相结合的哲学十分赞赏，甚至认为欧洲的文艺复兴就应该复兴中国儒家文化；孟德斯鸠则对中国的儒家"礼教"与家治思想提出了尖锐的批评；狄德罗在《百科全书》中撰写"中国哲学"条目，并对整个中国哲学史进行了勾勒；霍尔巴赫（Holbach，1723—1789）几乎把中国看成理想国，赞赏和鼓吹中国政治与道德的结合；重农学派经济学家魁奈（Francois Quesnay，1694—1774）把孔子及其学说奉为楷模，以此为哲学基础，提出了他的经济学思想——他被誉为"欧洲的孔夫子"。

中国哲学对德国哲学也产生了重大的影响。莱布尼茨因发现自己发明的二进制与《周易》中阴阳思想的巧合而痴迷上中国哲学，断言中国人的哲学基础同他自己的哲学基础完全一致。他不仅自己毕生对中国哲学进行研究，而且促进欧洲各国成立专门机构进行中国文化与哲学的研究。莱布尼茨的学生沃尔夫（Chritian Wolff，1679—1754）做过《中国的实践哲学》的演讲，认为儒家学说乃是一种理性的教养。莱布尼茨—沃尔夫的唯理论为德国古典哲学开了先河，不少学者在检讨这两位哲学家的成绩时认为，其哲学思想的来源有二：一是柏拉图哲学，一是中国哲学。黑格尔把中国哲学纳入自己的庞大体系，成为其世界精神王国中的一员。不过，他对中国哲学评价不高，把中国文化称为幼年文化，认为中国哲学是一种未经反思、批判的史前哲学。黑格尔在《哲学史讲演录》中说，我们之所以提到东方哲学是为了表明我们何以少讲它。

与黑格尔拧着来的叔本华站在中国哲学的一边，嘲笑西方文化。他对朱熹的理学、道家、佛家极力推崇，认为朱熹的思想"与我的学说如此惊人的一致"，其唯意志论的悲观主义哲学一般都认为是受佛教重大影响而产生的。此后，马克斯·韦伯、雅斯贝尔斯、罗素等西方著名哲学家、思想家都对中国传统哲学进行过影响甚广的深入研究。通过英国科学史家李约瑟（Joseph Needham，1900—1995）对中国科学技术史的研究，中国哲学中的自然哲学思想也引起了西方哲学的重视。冯友兰所著《中国哲学史》、陈荣捷编译《中国哲学原著》等英文本在美国出版，促进了西方对中国哲学的系统、深入了解。在当代西方哲学中，海德格尔推崇老子，其哲学与老子的思想有不少契合之处。一些后现代哲学思潮也将老子、庄子的思想奉为重要思想资源。一些汉学家对中国哲学的研究已经达到了非常高的水准。

中国哲学对印度哲学也有一定的影响。印度佛教在中世纪受过中国大乘佛教和道教影响。印度《度母经》记载印度密教大师曾来中国学习炼丹术。甚至印度密教中18位修行"成就者"有两位是来自中国。唐代玄奘在印度期间与顺世论进行过直接的辩论。中国对印度哲学最大的贡献可能在保存其典籍上。印度古代哲学的很多典籍在印度也已经失传，而中国还保存着它的汉译本；有些经典，印度虽然还有，但梵文写本保存在中国。

随着世界交往的扩大、加深以及中国、印度等东方国家的崛起与复兴，中国哲学、印度哲学的价值也日益为世界所瞩目，世界各哲学传统正逐渐走向平等对话、相互影响、相互学习的阶段。

思考：

1. 从西方哲学、印度哲学、中国哲学的起源思考神话、传说对于哲学的重要影响。

2. 三大哲学传统各自有什么特色？并举例说明之。

3. 宗教在西方哲学史、印度哲学史、中国哲学史上分别发挥了什么样的重要作用？

4. 东西方哲学之间相互影响的历史对我们今天学习和研究哲学有什么样的启示？

第六讲　哲学的基本问题、派别和学科领域

哲学不仅形成了不同的民族传统，而且也形成了不同的思想派别，形成了不同的学科领域。但是，不同的哲学传统、哲学派别、哲学学科又都有一个自觉不自觉的共同点，那就是都围绕着一个共同的哲学基本问题。

一、哲学的基本问题

哲学在一定意义上可以说就是问题之学。它起于对问题的惊讶，贯穿着对问题的思考，哲学活动的结果虽然不能立竿见影地解决问题，但它可以把问题引向深入、深刻，为问题的观察、解答提供方法上的指导。哲学甚至具有这样的特性，其在诞生之初产生的问题可能始终存在着，纠缠着整个哲学史以及古往今来的哲学家们。在哲学发现、产生、累积和涉及的众多问题中，作为一门学科的哲学有着自己的基本问题。

能称得上哲学基本问题的问题，应同时具有贯穿性、全局性、不可避免性等特性。所谓贯穿性是从哲学的历史角度说的，也就是说，从哲学诞

生之时起，这个问题就始终存在。所谓全局性是就哲学的共时性说的，也就是说，无论是哪个哲学传统、哪个哲学派别都概莫能外。所谓不可避免性是从哲学的根本属性说的，也就是说，任何人一旦从事哲学活动就必须回答这个问题。按照上述性质启示，我们同意这样的观点：哲学的基本问题是人与世界的关系问题。

从发生学的角度看，任何哲学发生的前提是人的在世即在世界中。因此，人与世界的关系问题是最为原初的问题。哲学要研究人是什么、世界是什么的问题，科学也可能要研究这些问题。但是，仍然有两点使哲学与其他学科区分开来：一是哲学更侧重于研究人与世界的关系，而不仅仅是世界或人的某方面的问题；二是哲学即使在研究人、世界的时候，也是在一种人与世界关系的反思之中进行的。哲学不能离开世界来研究人，也不可能离开人来研究世界。

哲学的基本问题——人与世界的关系问题——至少涉及四个方面的主要内容：

第一，世界从何而来？世界的本质是什么？这个问题还必然蕴涵或附带着另外两个问题：一是人从何而来？人的本质是什么？二是人与世界在时间和逻辑上分别是何者在先。这些内容都属于所谓哲学本体论的范围。对这一问题的不同回答就形成了唯物主义、唯心主义的不同哲学倾向。

第二，人能否把握世界？如何把握世界？这是思维与存在是否具有同一性的问题和思维与存在如何同一的问题。前者侧重于一种哲学立场的表达，不同的回答形成可知论和不可知论(怀疑论)的不同哲学立场；后者侧重于对哲学方法的探究，不同的回答形成不同的认识路线与认识方法。

哲学入门

这些内容都属于所谓哲学认识论范围。

一般而言，哲学基本问题前两方面的内容是最为根本的，也最为哲学家们所关注。恩格斯就明确地认为哲学基本问题包含着本体论与认识论两个方面的内容。

第三，人如何改变世界？人与世界的关系除开把握与被把握的关系之外，更为重要的是改变与被改变的关系。这一方面内容一直是哲学不自觉的功能，马克思则是第一位明确这一方面内容的哲学家，他强调指出，以往的"哲学家们只是用不同的方式解释世界，问题在于改变世界"①。

"人如何改变世界"与"人如何把握世界"是"人如何处理人与世界的关系"问题的重要部分，其核心内容构成了所谓哲学的方法论。

第四，人如何评价自己与世界的关系？哲学的反思性品质使得人们总是要对人与世界的关系进行对错、好坏的判断，给人们对于世界的把握与改变以某种"应该"的规范。这属于所谓哲学价值论的问题。哲学智慧的生存境界与人文关怀的核心即是一种价值、意义的追求。

当我们确认哲学的基本问题是人与世界的关系问题的时候，必然会涉及另外一个问题，那就是如何理解恩格斯关于哲学基本问题的论述。恩格斯明确指出："全部哲学，特别是近代哲学的重大的基本问题，是思维和存在的关系问题。"②他对哲学基本问题的主要内容进行了两方面的理解：一是思维与存在、精神与物质两者何者第一性的问题(本体论)；二是思维与存在是否具有同一性的问题(认识论)。毫无疑问，恩格斯关于哲学

① 《马克思恩格斯选集》第1卷，人民出版社2012年版，第136页。
② 《马克思恩格斯选集》第4卷，人民出版社2012年版，第229页。

基本问题的论述是十分深刻的，但他从来没有认为自己的结论是终结性的。立足世界哲学发展的事实，不能简单照搬和停留于恩格斯的思想。

一是恩格斯的结论是从西方哲学中得出的，更适合于西方。恩格斯曾经指出："这个问题，只是在欧洲人从基督教中世纪的长期冬眠中觉醒以后，才被十分清楚地提了出来，才获得了它的完全的意义。"①而且，即使是在西方，这一问题也不是自始至终以典型的方式出现的，只有在近代西方哲学中才如此；在中国哲学、印度哲学传统中则几乎见不到这种典型形式和"完全的意义"。

二是恩格斯关于哲学基本问题的两方面的内容遮蔽或遗漏了哲学的一些重要内容，甚至有些在我们今天看来是本质性的内容。首先，恩格斯的观点没有凸显哲学的方法论功能。其次，恩格斯的观点没有涉及人与世界之间的改变与被改变的关系——这正是马克思对哲学的革命性贡献。最后，恩格斯的观点忽略了人与世界之间的一种意义评价关系。

当然，我们丝毫没有否定恩格斯的贡献的意思。我们认为，恩格斯所揭示的思维与存在的关系问题是人与世界的关系这一哲学基本问题在西方哲学、特别是近代西方哲学中的一种特殊表现，正如人与世界的关系问题在中国传统哲学中表现为天人关系问题、在印度哲学传统中表现为梵我关系问题一样。哲学基本问题在西方哲学中的典范形式的完整揭示者、系统阐述者正是恩格斯。

---

① 《马克思恩格斯选集》第4卷，人民出版社2012年版，第230页。

二、哲学的主要派别

对哲学基本问题的各个方面内容的不同"回答"不仅形成不同的哲学传统，而且在同一个哲学传统中还形成不同的哲学派别。这些哲学派别可能是共时地存在的，也有可能是前后相继地存在着的。它们彼此展开争论，甚至相互攻击。黑格尔曾形象地说："一种新的哲学出现了。这哲学断言所有别的哲学都是毫无价值的。诚然，每一个哲学出现时，都自诩为：有了它，前此的一切哲学不仅是被驳倒了，而且它们的缺点也被补救了，正确的哲学最后被发现了。但根据以前的许多经验……且看那要驳倒你并且代替你的哲学也不会很久不来，正如它对于其他的哲学也并不曾很久不去一样。"①哲学的派别性争论既是哲学得以发展的动力，也是哲学得以发展的方式。黑格尔就这样"教导"我们：

> "哲学系统的分歧和多样性，不仅对哲学本身或哲学的可能性没有妨碍，而且对于哲学这门科学的存在，在过去和现在都是绝对必要的，并且是本质的。"②

综观整个哲学史，主要有唯物主义与唯心主义、辩证法与形而上学、可知论与不可知论(怀疑论)、经验论与唯理论、科学主义与人文主义、现代哲学与后现代哲学等派别或思潮的争论。一般认为，在众多哲学派别中，唯物主义和唯心主义的争辩是最为基本的，被称为哲学的基本派别。

---

① ［德］黑格尔：《哲学史讲录》第 1 卷，商务印书馆 2017 年版，第 23 页。
② 同上书，第 25 页。

1. 唯物主义（Materialism）与唯心主义（Idealism）

唯物主义与唯心主义是基于对世界本质、本原看法的对立观点而形成的。这也是划分唯物主义与唯心主义的唯一标准，简单地说，"凡是断定精神对自然界说来是本原的……组成唯心主义阵营。凡是认为自然界是本原的，则属于唯物主义的各种学派"①。唯心主义又分为客观唯心主义和主观唯心主义两种基本形态。客观唯心主义认为某种客观的精神先于（包括时间在先和逻辑在先两种情况）物质世界而存在。古希腊的柏拉图哲学，中国宋代的程朱理学，近代德国的黑格尔哲学，都是客观唯心主义的典型代表。宿命论是客观唯心主义的极端形式。主观唯心主义把人的某种主观精神，如感觉、经验、心灵、意识、意志等看作是世界上一切事物产生、存在和发展的根源与基础。中国宋明时期的陆王"心学"，近代英国提出"存在就是被感知"的贝克莱哲学，是主观唯心主义哲学的典型。主观唯心主义的极端形式是唯我论。

唯物主义经历了古代朴素唯物主义、近代机械唯物主义、现代实践唯物主义三个发展阶段。古代朴素唯物主义把万物的"本原"归结为某种具体的物质形态，如水、木、土、火、金等，具有明显的自发性和朴素性。近代机械唯物主义以新的实证知识和科学方法论证了世界的物质统一性，把物质理解为自然科学意义上的原子，把物质运动归结为机械运动，并用孤立、静止、片面的观点来解释世界，具有明显的机械性、形而上学性。17世纪英国唯物主义、18世纪法国唯物主义和19世纪德国费尔巴哈的唯物主义，是这种唯物主义的著名代表。古代朴素唯物主义和近代唯物主义

---

① 《马克思恩格斯选集》第4卷，人民出版社2012年版，第231页。

在自然观上是唯物主义的，而在历史观上则是唯心主义的。由马克思开创的现代实践唯物主义认为世界是在实践的基础上统一于物质的，实现了辩证法与唯物主义的统一、自然观与历史观的统一。

在中国语境中要特别注意，不能简单地认为唯物主义派别和体系中的一切内容都比唯心主义正确或是更加深刻。情况有时甚至恰恰相反的，正如列宁（Lenin，1870—1924）曾经指出的，"聪明的唯心主义比愚蠢的唯物主义更接近于聪明的唯物主义"①。

2. 辩证法（Dialectic）与形而上学（Metaphysics）

在唯物主义与唯心主义两大基本派别的斗争中交错着辩证法和形而上学的对立。辩证法原是指一种谈话的艺术、逻辑论证的辩论技巧，藉由论证过程揭示对方的矛盾以逐渐逼近真理。芝诺（Zeno，公元前490—前425）是古希腊辩证法的创始人，而苏格拉底开创的"精神助产术"则被认为是古代辩证法的典范。

苏格拉底的学生柏拉图进而把辩证法视为认识世界本质的方法。近代哲学家康德提出了有名的二律背反（antinomies），即对同一问题可以形成各自成立但相互矛盾的观点。他认为这是理性所固有的、不可避免的辩证法。到黑格尔那儿，辩证法不仅是一种研究事物本质矛盾的方法，同时也是适用一切现象的普遍法则，是一种宇宙观。马克思、恩格斯则把辩证法看成是肯定矛盾基础上的关于联系与发展的科学。

形而上学（Metaphysics）一词源于对亚里士多德一部著作的命名，由"meta"（之后）和"physics"（物理学、自然学）这两个词组成，字面意思是

---

① 《列宁全集》第55卷，人民出版社1990年版，第235页。

"物理学(自然学)之后"。既有排在物理学(自然学)之后的意思,也表示研究物理学(自然学)背后的东西。这与亚里士多德所说的"最高的智慧"或"第一哲学"恰恰是一致的,也就是广义的本体论。中国古代的《周易·系辞》有"形而上者谓之道,形而下者谓之器"之说。借用这里的术语,人们以"形而上学"来翻译西方的"metaphysics"。

在近代哲学中,弗兰西斯·培根开始把形而上学的主要研究对象理解为研究物体永恒不变的形式。黑格尔首次把形而上学指称为与辩证思维相对立的思维方法。恩格斯认为"形而上学是一种反对发展论的宇宙观"。斯大林(Сталин,1879—1953)明确提出辩证法与形而上学的对立是"哲学上的两军对战"和哲学"阶级性"的体现。这些理解深刻影响到中国。

在今天中国的哲学界,普遍地存在这样一种观点:辩证法主张从普遍联系、运动和发展中去理解世界,认为世界是不断发展变化的活的有机整体。与此相反,形而上学总是用静止、孤立、片面的观点去看世界,其世界图景是零散的、绝对的、孤立的画面的拼凑;辩证法强调用矛盾的观点看世界,形而上学则否认矛盾的客观性与普遍性;辩证法在本质上是批判的,形而上学则是非批判的。辩证法经历了古代朴素辩证法、唯心主义辩证法和马克思主义的唯物主义辩证法三阶段。形而上学则有可能是唯心主义的也可能是唯物主义的。

3. 可知论(Knowability)与不可知论(Agnosticism)

可知论与不可知论是回答哲学基本问题中的"人是否能把握世界"这方面内容而形成的不同派别。哲学史上的绝大多数哲学家对这个问题进行了肯定的回答,是为可知论。早在古希腊,巴门尼德就认为,能够思维到的和能够存在的两者是同一的。莱布尼茨可算是可知论的极端代表，他不仅认为自然、人文世界都可以认识，甚至致力于发明一种万能算学，使人的思想获得像数学一样的严密性。

不可知论最早可以追溯到古代的怀疑论思想，而作为一种系统的哲学理论则出现在 18 世纪的欧洲。不可知论否认人认识世界的可能性或否认彻底认识世界的可能性，断言人的认识能力不能超出感觉经验或现象的范围、不能认识事物的本质和规律。

中国古代庄子的思想中也有不可知论的思想。庄子曾经说："无形者，数之所不能分也；不可围者，数所以不能穷也。可以言论者，物之粗也；可以意致者，物之精也。言之所不能论，意之所不能察致者，不期精粗焉。""吾生也有涯，而知也无涯。以有涯随无涯，殆已。已而为知者，殆而已矣。"（《庄子·秋水》）

近代哲学中最为著名的不可知论的代表是休谟和康德。休谟认为，人类认识不能超出感觉的范围，感觉之外的客观事物是否存在，也是无法知道的。而康德则认为人只能认识事物的现象，不能认识事物的本质。

不可知论对于批判机械论和独断论，揭示认识过程中现象与本质、有限与无限等矛盾，使人类始终保持谦卑而非理性自负的态度有着积极的作用。从人类思维的现实性来说，总是存在无知方面的；从人类思维的可能性上说，世界只存在没有被认识的事物，而不存在不可认识的事物。哲学恰恰居于人类思维的极限之处，是操作于有知与无知之间的思想功夫。

4. 经验论（Empiricism）与唯理论（Rationalism）

经验论与唯理论，又被译为经验主义和理性主义，主要是西方哲学中关于认识问题的争论而形成的哲学派别，关心的是知识的对象、起源、性质、方法和检验问题。一般来说，经验论者认为知识源于感觉经验，在认识方法上主张归纳法，认为只有感觉经验最可靠；唯理论则主张"天赋观念"，强调演绎法，认为只有理性知识是真实可靠的。

在西方，经验论和唯理论的对立最早可以追溯到古希腊亚里士多德与柏拉图的差异。中世纪，经验论与唯理论的争论表现为唯名论与唯实论的争论。在中国先秦哲学中也存在过"名实之辨"。以孔子为代表的儒家强调"正名"，以礼来规范现实，以做到名实相符；以墨子为代表的墨家则认为不是名决定实，而是实决定名。这与西方的唯名论、唯实论有某些类似之处。

经验论与唯理论的典范形式出现在近代西方哲学史上。经验论的代表人物有培根、霍布斯、洛克和休谟，唯理论的代表人物有笛卡尔、斯宾诺莎、莱布尼茨。经验论主要流行于英国，唯理论主要流行于欧洲大陆。所以，中国学界常有英国经验论与欧陆唯理论之说。即使在当代哲学中，经验论与唯理论的争论依然以各种方式存在。

人既是感性的存在物，也是超越感性的理性存在物。经验论与唯理论的斗争根源于人们生活中感性与理性的矛盾，是对其中一个方面的片面强调。培根曾经形象地说，经验论就像每天辛勤搬运食物的蚂蚁，唯理论就像自己吐丝织网的蜘蛛，而最理想的应该是既采蜜又自己酿蜜的蜜蜂。

经验论与唯理论后续争论事实上也突破了知识论的范围，形成两大对立的社会政治哲学思潮。经验论倾向于主张一种自生自发的、不断演进的社会发展道路，倡导改良，反对整体革命；唯理论被认为是主张一种人为、建构、设计的社会发展道路，倡导社会整体的革命或制度安排。

5. 科学主义（Scientism）与人文主义（Humanism）

从整个哲学史特别是西方哲学史来看，一直或明或暗地贯穿着科学与人文对立的两大哲学思潮。但是，作为典型意义的科学主义思潮与人文主义思潮则出现在现代哲学中。

科学主义哲学认为科学是合理性的唯一形式，主张只有用实证科学（自然科学）的理论和方法改造哲学，才能使哲学真正变成"科学的哲学"；哲学也只应研究方法论，不应该研究世界本质、规律以及人性、人的价值等问题。科学主义主要包括实证主义、实用主义、语言分析哲学和科学哲学等有代表性的哲学思潮。

与科学主义相对的人文主义是泛指现代哲学中承认人的价值和尊严，以人性、人的价值、人的本质等为研究重心的哲学思潮，包括唯意志主义、生命哲学、现象学、存在主义、弗洛伊德主义、法兰克福学派、解释学等。人文主义哲学在现代西方逐渐成为哲学的主流，较之科学主义产生了更为广泛深刻的影响。

科学主义与人文主义的对立是源于生活中事实与规范、真理与价值、实在与意义的矛盾。科学主义侧重于从事实、真理、实在的角度理解哲学，而人文主义侧重从规范、价值、意义的角度理解哲学。

在现代科学主义与人文主义两大思潮中，还蕴涵着理性主义（Rationalism）与非理性主义（Irrationalism）的对立。理性主义认为，只有理性所把握的东西才是普遍必然的，才具有永恒性，理性是人高于动物的本质所在。非理性主义认为人之为人最根本的是非理性的、本能的、潜意识的一面，必须将人的非理性、本能、潜意识从理性的压抑下解放出来。在现代哲学中，科学主义哲学一般都是理性主义哲学，而大多数人文主义哲学也可以划归为非理性主义哲学。

科学主义和人文主义总体上各自张扬的是科学精神与人文精神，不能简单地以对错区分之，而应该把它们看作是相互补充的关系。而且，当代科学主义与人文主义已经出现了相互融合的趋势。

6. 现代哲学与后现代（Postmodern）哲学

这是由于所谓后现代哲学出现后突现的两大对立思潮，算不上严格意义上对立的哲学派别。后现代主义（postmodernism）哲学源于 20 世纪六七十年代法国的所谓后现代的文学艺术思潮，批判整个现代西方哲学。"后（post）"不是时间意义上的，而是批判、反对、超越的意思。也就是说，后现代哲学认为自己的哲学比现代哲学更高级。但事实上，有不少人认为后现代哲学只是现代哲学中人文主义思潮中比较激进、极端的一支。

后现代哲学的代表人物主要有法国的德里达（J. Jacques Derrida，1930—2004）、利奥塔（Jean-Francois Lyotard，1924—1998）、福柯（Michel Foucault，1926—1988），美国的罗蒂、詹明信，等等。后现代主义哲学认为事物根本就不存在什么本质，我们除了语言的游戏之外，什么也不能认识；没有所谓客观真理，只有不同意见，倡导多元主义和宽容原则；反对科学至上主义和所谓的科学霸权，倡导文学艺术活动；强调一切都是偶然的、不连续的、多元的，因而也是不确定的。其人生态度或学术趣味都努力表现出没有立场，反对追求高尚、宏伟、未来的东西。

后现代哲学是西方社会工业文明发展到一定程度后的产物，标新立

哲学入门 |

异，一些洞见也十分深刻，富于启发性。但总体来说，它是一种不太积极的哲学。后现代欲对现代性而"后"之，必须首先弄清楚究竟什么是现代性。而诚如哈贝马斯所言，无论对于西方还是东方而言，现代性其实依然是未竟的事业。因此，后现代哲学的贡献更多是帮助现代性进一步发展。

以上列举的哲学派别，主要以西方哲学传统为主要线索。我们需要警觉西方中心论的哲学话语，但作为一种西方哲学话语主导下的哲学探索，又不可能完全避免。

三、哲学的学科领域

哲学理性很早就促使人们对哲学的内容进行一定的领域划分。在近代学科分化的大潮影响下，哲学内部的领域划分更为精细，形成了我们今天看到的不同的学科研究领域。

在西方哲学史上，最早对哲学内容进行划分的是亚里士多德，他把哲学(当时包括所有的人类智识)分为三类：一是理论哲学，包括数学、物理学和形而上学；二是实践哲学，包括政治学、伦理学、经济学(家政学)；三是创造性哲学，包括诗学、修辞学和生产技艺。另外还有一门工具科学逻辑学。18世纪的德国哲学家沃尔夫将哲学分为两部分：一是理论哲学，包括本体论、宇宙论、心理学和神学，又统称为形而上学；二是实践哲学，包括伦理学、政治学、经济学。逻辑学则是一切学科的导论。与亚里士多德相比，在沃尔夫的划分中，数学、物理学、诗学、修辞学、生产技艺等均已不再属于哲学了。在沃尔夫之后，政治学、经济学、心理学也相继"自立门户"，哲学逐渐向我们今天所熟悉的内容靠近。

20世纪以来，西方和中国港台地区相继出现了一批类似于《哲学导论》《哲学概论》的哲学入门教材和普及读物。分析其对哲学内容的把握和领域划分，我们可以看到，大多还是比较接近的。一般来说，都倾向于把哲学的内容分为本体论、认识论、社会历史哲学、价值论、人性论等部分。这些也将构成本书后续内容的一个内在逻辑依据。不过，在此之前我们有必要了解一下哲学在目前中国学科划分中的状况。在目前的中国学科划分中，哲学是哲学门类中的唯一一级学科。在哲学学科之中一系列既相互独立又彼此相关的分支学科被称为哲学的二级学科，主要包括马克思主义哲学、中国哲学、外国哲学、逻辑学、伦理学、美学、宗教学、科学技术哲学（自然辩证法）。

马克思主义哲学（Marxist Philosophy/ Philosophy of Marxism）是由马克思和恩格斯在19世纪中叶创立（值得注意的是，成熟时期的马克思本人并不认为自己的理论是一种哲学，也明确反对"马克思主义"的提法）而发展至今，在目前的中国处于一种国家哲学的地位，长期充当着"哲学原理"的角色。马克思主义哲学的核心内容是唯物史观，首要的观点是实践，最大的特征是实践性。从大学本科课程安排上看，马克思主义哲学往往包括马克思主义哲学原理和马克思主义哲学史两门课程。

中国哲学（Chinese Philosophy）是世界三大哲学传统之一，是中华民族智慧集体的、历史的结晶。以儒家经学为核心，特别重视哲学与伦理的联系，具有十分鲜明的生命实践特征。关于中国哲学的范围有着不同观点：一种观点认为，中国哲学上起殷周之际，下迄1949年中华人民共和国的成立；另一种观点认为下迄至今，包括今天所谓的新儒家、新道家；还有一种观点是在第二种观点的基础上再加上中国化的马克思主义哲学。就目前国内的中国哲学研究来看，"中国哲学史"是学习中国哲学最为核心的内容。

严格说来，外国哲学（Foreign Philosophies）应该包括一切非中国的哲学，人们大致把外国哲学又区分为东方哲学和西方哲学两大部分。东方哲学的研究范围包括印度哲学、日本哲学、朝鲜哲学、阿拉伯哲学等东方国家的哲学。西方哲学的研究范围包括古希腊罗马哲学、中世纪哲学、文艺复兴时期哲学以及近现代西方（欧美）各国哲学。就目前国内大多数大学的本科课程安排来看，外国哲学主要指西方哲学（western philosophy），学习西方哲学主要是学习西方哲学史。"哲学"一词诞生于西方，西方哲学积淀了雄厚的哲学基础，被很多人认为是哲学的典范类型。

逻辑学（Logos/Logic）是以人的思维为对象、研究人的思维的形式结构及其规律、规则的学科。在中国古代和近代，曾被称为"形名之学""名学""辩学""理则学""论理学"。其核心工作在于研究人们如何进行正确的推理、论证活动。由亚里士多德奠基，由康德正式命名的形式逻辑（主要是演绎逻辑）是逻辑学最成熟的，也是主体的部分。逻辑不问是非，只讲求命题真伪以及推理是否有效。现代西方一些学者将逻辑与数学结合，以追求更大的精确性，产生了数理逻辑或曰符号逻辑，并逐渐成为现代逻辑大厦的基础。从亚里士多德开始，逻辑学就一直被认为是从事学术研究特别是哲学研究的基础性工具。

伦理学（Ethics）是关于伦理道德的学说，又称为道德哲学，主要研究道德的产生、发展、本质、评价以及道德养成的规律。西方最早的伦理学著作是亚里士多德的《尼可马可伦理学》，西方伦理思想传统强调追求以人的至善为特征的个人幸福；中国的伦理思想传统则注重个人品德修养，强调与"外王"相结合；印度伦理思想与宗教结合，强调人的精神生活。现代中国的伦理学研究受西方的影响深刻，形成与西方接轨的三种路径：一是实践的或规范的伦理学，通过研究道德现象，指出行为规范、义务；二是理论的或纯粹的伦理学，注重道德的理论探讨；三是分析的伦理学，从逻辑学和语言学方面对道德概念、判断、推理进行分析。

美学（Aesthetics）的希腊文词源含义是对一般感觉经验的研究。作为一门学科始于德国哲学家鲍姆嘉通（A. G. Baugartem，1714—1762）1750 年出版的《美学》。美学大体上以美（丑）的本质、审美和艺术为研究对象，是研究美的本质及人的审美活动的学科。但事实上，时至今日，人们对美、美学的定义仍有分歧。通观中西古代美学思想及现代美学的发展趋势，美学研究主要有三种路径：一是哲学的路径，以哲学思辨的方式对美学的基础理论进行探讨；二是艺术或艺术社会学的路径，从社会历史的角度探讨艺术诸形式的审美体验与接受的问题；三是心理学路径，着重对审美经验进行心理研究。

宗教学（Science of Religion）是以人类宗教现象为研究对象的综合学科。[①] 英籍德国学者缪勒（M. Muller，1823—1900）1870 年在其《宗教学导论》一书中第一次提出宗教学这一概念。宗教学以社会历史中的具体宗教

---

① 严格地说，作为哲学分支的应该是宗教哲学（philosophy of religion），是对宗教及其观念和问题的哲学思考。

现象为对象，从形式与内容方面考察其观念、行为、组织，探讨宗教起源与演化的过程，以及宗教产生与存在的基础，研究宗教的性质、演化规律与社会作用。一般而言，宗教学主要包括两大部分的工作：一是探讨历史上的各种宗教形态，即"各种宗教传统"；二是解释宗教信仰形成的主客观条件以及宗教信仰的当代价值。前者是基础，后者则是目的。

科学技术哲学（philosophy of science and technology）主要从哲学的高度研究自然界的一般规律、科学技术活动的基本方法、科学技术发展中出现的问题、科学技术与社会的相互关系等。西方的科学技术哲学一般体现在自然哲学、科学哲学、技术哲学、自然科学的哲学问题等研究之中，并没有严格统一的学科。中国的科学技术哲学以恩格斯所著《自然辩证法》为起点，一度形成具有自己鲜明特色的自然辩证法学派。目前，科学技术哲学的学科定位依然存在着哲学与社会学的两种不同倾向。

以上八个二级学科的划分在中国是约定俗成的，也可以说是经过官方确定的。此外，随着学科的细化，哲学还出现了众多类似于政治哲学、经济哲学、法律哲学、管理哲学、教育哲学、医学哲学、工程哲学等分支。

当然，真正的哲学家从来不会囿于学科化、领域化的束缚。只要我们深入进去，进行真正的哲学思考，就会发现，哲学的内部是相互贯通、浑然一体的。

思考：

1. 为什么说人与世界的关系问题是哲学的基本问题？如何理解恩格斯对哲学基本问题的论述？

2. 哲学的派别性争论在哲学史上发挥着什么的作用？

3. 尝试着为不同的哲学流派寻找最具代表性的哲学家和典型的哲学命题。

4. 就中国目前的哲学八个二级学科而言，你对哪个学科最感兴趣？为什么？

第七讲　世界观与本体论

　　确如很多人所理解的，哲学至少是一种世界观，即包含着对世界最为根本的看法：世界是什么，又是怎样存在的。哲学家们并不满足于我们在日常生活经验中看到的那样的世界，而总是要穷根究底地追问我们看到的这个世界是"如何可能"的。哲学的一个重要职责就是去发现这样的基础，为世界寻找最终而牢靠的支撑，让人们得以安身立命。因此，在哲学史上，特别是在古代西方哲学史上，形而上学（metaphysics）就成为了哲学的别称。在现代哲学中，这部分内容往往被称为哲学本体论。形而上学或哲学本体论在整个哲学中具有基础性的地位。

一、面向终极的追求

　　从哲学诞生之日开始，哲学家们就对"世界从哪儿来""世界由什么构成""世界的本质"等问题进行着不断的探索和争论。亚里士多德第一次为这种哲学探索进行了学术定位。他指出：

有一门学术，它研究"实是之所以为实是"，以及"实是由于本性所应有的秉赋"。这与任何所谓专门学术不同；那些专门学术没有一门普遍地研究实是之所以为实是。它们把实是切下一段来，研究这一段的质性。①

亚里士多德把这门研究"不变动的本体""最基本的事物"的学术称为"第一哲学"，也就是"形而上学（物理学之后）"。

在亚里士多德的形而上学中，既研究超感性的东西如质料、形式、潜能、运动，也研究超自然的东西如神、第一推动者。近代德国哲学家沃尔夫进一步将形而上学分为一般形而上学（metaphysica generalis）和特殊形而上学（metaphysica specialis）。特殊形而上学指研究自然的宇宙论（cosmology）、研究人的哲学心理学（philosophical psychology）、研究神的自然神学（natural theology）；一般形而上学就是我们今天所谓的本体论。黑格尔基本继承了沃尔夫的划分，将形而上学划分为本体论、理性心理学、宇宙论、理性神学等部分。总的来说，形而上学的划分被认为是基于西方人传统的世界观，他们认为世界万物可归为自然、人、神，特殊形而上学不过是关于这些方面的超验思辨，而一般形而上学即本体论则为特殊形而上学奠基。

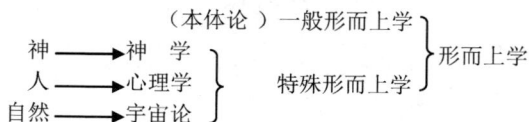

---

① ［古希腊］亚里士多德：《形而上学》，商务印书馆 2017 年版，第 64 页。海德格尔认为，"形而上学就是一种超出存在者之外的追问，以求回过头来获得对存在者之为存在者以及存在者整体的理解"。参见［德］海德格尔：《路标》，商务印书馆 2017 年版，第 138 页。

哲学入门

海德格尔为我们这样解释道：本体论努力追问的是形而上学基本问题的前导问题，"前导问题根本就不会被置于基本问题之外，它简直就可以说是在询问基本问题时所点燃的火种，是所有一切追问的发源地"①。他甚至明确指出，在本真的意义上，本体论就是形而上学的本质。我们也可以理解为，特殊形而上学是一般形而上学的运用、引申与创造。可见，在整个形而上学中，本体论处于最核心和最基础的地位。在现代哲学中，人们常常将形而上学与本体论等同。

在西方，本体论（ontology）一词是德国经院哲学家郭克兰纽（Rudolphus Goclenius，1547—1628）在 17 世纪初提出的，溯源于希腊文，乃是关于 on（复数形式为 onta）的 logos。on（拉丁文 ens，英文 being，德文 sein）同时具有"是、存在、有"的意思。含义复杂的 ontology 在中文中很难找到完全对应的词，一直有翻译为是论、（万）有论、存在论的争论。不过，哲学界普遍采用的还是"本体论"这个译名。我们可以简略地认为，西方意义上的本体论是关于存在（或有、是）本身的学问，是以存在（或有、是）为核心的逻辑体系，目的是试图对我们生活于其中的世界（宇宙及其万物）作出本源、本质性的陈述或描述。

在中国传统哲学中，确实没有明确的本体论的说法，但在中国传统哲学中说到过"本""体"和"本体"。在这些说法中，至少有三层含义值得我们注意：一是"本"即"根""本根"，从会意的角度可以看出，本根是"万物所由"，探究本根就是探究世界万物的产生、发展、变化的根本原因和根本依据。二是本末之辨是中国哲学一对重要范畴，与"末"相对，"本"

① ［德］海德格尔：《形而上学导论》，商务印书馆 2017 年版，第 42—43 页。

是指事物的根本，亦即事物矛盾的主要方面。人们认为"物有本末"，先本后末才近乎于道。三是"体"与"用""器"相对，"体"是在有形世界之外的、无形无象的，被称之为形而上的东西，而有形有象的世界却是由之而来的。中国传统哲学中也有"本体"合用的情况，如张载所谓"气之本体"，朱熹所谓"天理自然之本体"和王阳明所谓"心之本体"。这一"本体"在中国哲学中最为普遍的称呼是"道"。道同时具有本根、根本、形而上的含义。可见，在中国传统哲学中，与西方本体论接近的是一种关于道的学问，即论道之学。

综合观之，尽管中国传统哲学与西方哲学的旨趣殊异，但也有共同之处，我们可以得出一个大致能通约中西哲学的本体论定义：本体论是对世界（存在）的基本规定性进行追问的论道之学。从普遍接受的本体论的性质来看，它具有终极性和超验性两个重要特征。

终极性是本体论最重要的特征。本体论包含着三个层面的终极追问：终极存在、终极解释和终极价值。所谓终极存在，乃是一种关于抽象的世界统一性问题，即世界从归根结底的意义上统一于什么？这也是狭义的本体论的内容。所谓终极解释，乃是一种关于世界的知识统一性问题，即关于世界的知识统一性原理、"基本原理"、自明的"始因"（arche，亚里士多德）是什么？所谓终极价值，乃是一种关于人生最高意义、最高价值的问题。相对而言，西方哲学传统比较重视终极解释，中国哲学传统更重视终极价值，形成了知性形而上学和德性形而上学的不同倾向。所谓超验性也就是超越感觉经验的性质。超越感觉经验事实上就走向两条道路：一是走向逻辑思维，二是走向直觉顿悟。在此意义上，本体论是在思维中通过逻辑或直觉的方式建立一种超验的宇宙统一图景，以图为经验世界的统一性提供先验基础的哲学冲动与尝试。

在各民族哲学的早期，哲学家们关于本体论的探讨主要表现为自然哲学的宇宙论，而在宇宙论中又集中兴趣于宇宙、世界的起源和结构问题，以寻找万物的始基和确定人们在世界中的位置。所谓寻找始基，就是哲学家们试图在世界的万物中寻找一种或几种最基本的东西，万物从它那产生出来，但它自身不受万物的任何影响。例如，中国古代早期的哲学思想认为世界是金、木、水、火、土相生相克而形成的；印度的早期哲学则认为世界是由水、火、土、风四元素构成的；古希腊的哲学家们曾经把水（泰勒士）、气（阿拉克西美尼）、原子（德谟克利特）看成是世界的本原与始基。这些都还不是严格意义上的本体论思想，只能算是特殊的形而上学。

在西方哲学中，毕达哥拉斯和赫拉克利特的思想为严格意义上的本体论思想的诞生起到过渡性的作用。毕达哥拉斯认为，万物的始基是数。赫拉克利特在提出"万物的本原是火"的同时，认为火的一个本质性的规定性就是 logos（尺度、规则），logos 是客观、普遍的，只能靠人的思想才能把握。巴门尼德在他们的基础上第一次明确区分了现象与本质、意见与真理、感觉经验与逻辑思维。他认为，感觉经验只能认识现象，获得的只是意见，而把握本质以获得真理只能靠逻辑思维。他所说的事物的本质就是存在（being）或太一（the One），它是单一、永恒不动的，是完全超乎经验的。

在中国传统哲学中，本体论思想的确立是以"道"的思想的确立为标志的。在中国几千年的传统哲学中，存在着儒、释（佛）、道三家并立而崇道的现象。早在《易经》中就对道做了一些描述，最为著名的莫过于"形而上者谓之道"，点出了道的超验性特征。对道作出全面规定的是道家的创始人老子。老子认为，道是"先天地生""可以为天地母"（《老子》第二十五章）；道化生万物的过程是"道生一，一生二，二生三，三生万物"（《老子》第四十二章）。但是，道是混沌的，不能用感觉器官去把握，"视之不见""听之不闻""搏之不得"（《老子》第十四章）；道也不能用普通的语言字词去表达，"道无名""道可道，非常道"；道是很玄妙的，"玄之又玄，众妙之门也"（《老子》第一章），人们只能靠直觉体悟去把握，靠比喻、描述去摹状。道既"元"（终极）且"玄"（超验），符合所谓严格本体论的要求。

在印度哲学中，本体论思想确立就体现为关于梵的系统论述。梵是万物的始基，人神所共出，万物依靠于梵且是梵的显现。梵是统一、永恒、先验和纯净的，超越是非，至高无上。

不同民族、时代的哲学家们关于世界本体特别是世界的终极存在的思想，总体上可以划归到唯物主义和唯心主义这两个哲学的最基本派别。

二、本体论的流变

本体论确立以后，在漫长的哲学史中并不是固定不变的，更有一些哲学家从根本上否定本体论的研究。

在西方，与希腊早期哲学倾心于探求世界始基不同，苏格拉底的哲学转向人自身，特别是道德问题的研究。不过，苏格拉底所致力的是寻求伦理道德的一般性或普遍性（universals）的定义，即探求与实例、殊相（particulars）相对的本质和概念，认为本质、概念是最为重要的，也是永恒的，是这类事物成为其所是的原因。从苏格拉底开始，本体论或整个西方哲学开始摆脱早期的原始朴素性，逐步走上逻辑论证的道路。

柏拉图把苏格拉底关于寻求道德的普遍定义的思想扩展到整个世界，建立了真正意义上的形而上学的体系哲学。他认为，世界上一切可感知的事物都是易变的、不真实的，都是对一个永恒、普遍的"理念"（idea）世界的摹仿或分有。在今天的人们看来，可能觉得"理念"一词天然就与人和人的主观思想联系在一起，但在柏拉图那里，理念是一种客观的存在，是世界的本体，对理念世界的认识只能靠思想。柏拉图还对理念自身进行层次的划分，最高的理念就是善的理念，它是理念世界的灵魂，是神。神是宇宙的创造者，是目的因、动力因和第一因。

亚里士多德和他的老师柏拉图不同，确认个别事物存在的真实性。亚里士多德把存在分为十类，而实体（substance，经常被翻译为本体）是中心，实体是独立的不依赖于其他东西的存在，它自身又是其他一切事物的基础。个别事物则被他称为第一实体。任何个别事物的存在都是由质料与形式的结合而成的。形式是将个别事物区分开的规定性，主要指本质和结构，它是最能动的、先在的，因而也是更重要的实体，事实上是第一本体。但是，亚里士多德还追求"形式的形式"，它自身永恒不动，但又是一切事物的运动变化的最根本、最原始的原因，即第一因。这个最高实体就是第一推动者——神。

中世纪的基督教利用柏拉图、亚里士多德的本体论思想，把上帝指称为存在（being），并论证上帝是宇宙中终极的存在、最高本质、绝对真理、人世间的一切行为的最高标准。安瑟尔谟（Anselmus，1033—1109）对上帝的存在进行了著名的本体论证明：上帝是一个我们所能设想的最完美的东西；最完美的东西就包括了它是实际上存在这一点；所以，上帝是实际的存在。托马斯·阿奎那（Thomas Aquinas，1225—1274）则提出从经验结果追溯终极原因的五个证明：依据事物的运动，必然推出第一推动者上帝；依据事物的因果关系，必有一个最初的成因即上帝；依据事物的必然性，必有一个终极的必然存在上帝；依据事物的完善性的等级，必有一个完善的最高等级上帝；依据自然的目的性推知"统制万物向其目的"的就是上帝。托马斯·阿奎那还依据亚里士多德的思想，将实体（本体）分为三类：物质实体、精神实体和上帝，上帝是最高实体。

自本体论产生以来，一直遵循着客体的路线，即在与人无关的世界中探求本体。这种情况从笛卡尔开始发生了根本的改变。笛卡尔提出了著名的命题"我思故我在（Cogito ergo sum/I think，therefore I am）"。大意是，我可以怀疑一切，但有一点不能怀疑，那就是"我正在怀疑"，而我的怀疑是以我的存在为前提的，所以从我怀疑推论出我必存在。笛卡尔第一次把"我"作为一个独立的实体，将我思、自我意识、主体性作为哲学的起点来思考哲学的本体问题。不过，我们要注意到，笛卡尔所依据的"我"是一个思维实体、心理主体，并不是完整的个体自我。

自苏格拉底以来，西方就走上了一条通过求知、逻辑推演的方式追寻本体的道路。康德则明确地否定了这一路径。他认为，人类知识只能认识现象世界、经验世界，而存在本身即自在之物（things-in-themselves，又译物自体)是不能被认识到的。灵魂、世界、神(上帝)都是理性追求绝对统一过程中产生的先验幻象,根本不是知识的对象。不过,康德认为,人们要过一种有道德的生活,追求至善的目标,就必须假定三者:意志自由、灵魂不朽和上帝存在。也就是说,作为本体的自在之物只能靠信仰!尽管有人说康德从前门(认识论)把上帝赶出去,后门(道德实践)又把上帝请回来,但康德本体论思想确实开辟了一条崭新的路径,即从传统的求知路径转变为实践(尽管当时还只是道德实践)的路径。

黑格尔是传统本体论的集大成者。或者,毋宁说,黑格尔哲学就是一个庞大的本体论体系。黑格尔坚信思维与存在、理性与现实是同一的,同一的基础就是绝对精神(绝对理念)的活动。绝对精神是先于宇宙万物,永恒的、最高的、最真实的存在,包括人在内的宇宙万物都不过是绝对精神的产物与表现而已。不过,与以往本体论不同,在黑格尔看来:绝对精神不是静止不变,而是因自身内在的矛盾而永远地运动、变化、发展的,本体论第一次真正与辩证法结合了起来;"实体即主体",即本体自身是能动的、富于创造性的,正是绝对精神的能动、创造,才化生了世界万物;实体发展就是概念的逻辑运动,本体论与逻辑学是统一的。黑格尔的本体论与辩证法、逻辑学实现了统一,对现代本体论的探索有着很深远的影响——虽然在他之后的本体论大多从批判他开始。

其实,自本体论甫定,就有不少哲学家对本体论进行批判或攻击。古希腊哲学家高尔吉尔(Gorgias,公元前485—前380)针对巴门尼德等人的本体论思想,论证了如下三个观点:无物存在;即使存在,也不能认识;即使能认识也不能言说。另一位古罗马哲学家阿格里帕(Agrippa,约公元

1世纪）则认为，那些研究本体论的哲学家们都存在着五个共同的错误：一是他们的观点歧异，我们应该存疑；二是他们的论证都是无限退缩，最终世界的本体究竟是什么悬而未决；三是他们都只能达到相对的有知，而不可能达到真知；四是所有本体论的起点是武断的假设；五是本体论都存在循环论证的毛病。阿格里帕的批评确实击中了西方传统本体论的要害。近代英国哲学家休谟认为，无论是物质实体还是精神实体都不过是人的知觉的集合，我们唯一能认识的存在物就是知觉，超出知觉的所谓终极存在、上帝等是人类理智所不及的、不可知的；同时，因果联系是人们生活中形成的一种主观心理的习惯性联想，根本不具备必然性和普遍性，依照因果必然性去探求世界的本体是根本不可能的。康德关于自在之物不可认识的思想受到休谟思想的重要影响。

中国古代哲学家庄子也从不可知论的角度对追寻本体的可能性发出疑问：

> "有始也者，有未始有始也者，有未始有夫未始有始也者；有有也者，有无也者，有未始有无也者，有未始有夫未始有无也者。俄而有无矣，而未知有无之果孰有孰无也。今我则已有有谓矣，而未知吾所谓之其果有谓乎，其果无谓乎？"（《庄子·齐物论》）

大意是：宇宙有一个开始，有一个未曾开始的开始，还有它未曾开始的未曾开始的开始。宇宙之初的形态有它的"有"，有它的"无"，还有个未曾有无的"无"，也有未曾开始的未曾开始的"无"。忽然发生了"有"与"无"，却不知道"有"与"无"谁是真正的"有"，谁是真正的"无"。现在我说了这么多，但不知道我果真说了呢，还是没有说？

在黑格尔之后，拒斥形而上学、批判本体论成了一种普遍的哲学冲动。主要体现为两条路径：一是实证主义，二是非理性主义。孔德（August Comte，1798—1857）开创的实证主义认为，实证应该是哲学的第一原则，凡能实证的才是科学的，不能实证的形而上学、本体论都应该被废弃。逻辑实证主义从语言逻辑分析的角度，把形而上学的命题判定为无意义的命题，从而拒斥了形而上学。叔本华、尼采开创的非理性主义认为，终极存在、最高本质都是人的主观虚构，理性也不是人最为本质的东西；相反，生命、意志等非理性的存在才是最真实的和最根本的。

中国哲学对本体论的研究总体上没有西方那么深入，本体论的流变也没有西方那么复杂。先秦时期儒家的思孟（即子思、孟子）学派提出"诚"为本体，认为"诚者，天之道也"，"诚者物之始终，不诚无物"（《中庸》）。把诚看作天人合一、人为主宰的基础。魏晋时期的玄学，形成"贵无"和"崇有"的争论，前者认为世界的本体是无，现实世界是无中生有而来的，后者则认为绝对的无不可能产生有。这是非常典型的本体论之争了。宋代张载提出"太虚无形，气之本体"的思想，认为"太虚""无形"的"气"是有形之气的本体。程颐、程颢、朱熹则认为作为本体的道就是"理"，世界只有一个理，而万物皆分有了这个理。借助佛教的说法，万物分有理，即所谓理一分殊，犹如月印万川。这与西方柏拉图、黑格尔的"理念""客观精神"之说异曲同工。陆九渊、王阳明则认为"心即理"，人心是世界的本体。明清之际的哲学家王夫之（1619—1692）概括出"实有"这个哲学最高、最普遍、最本质的范畴，认为"实有者，天下之公有也"

（《尚书引义》卷三），即客观实在是宇宙万物之本体。尽管从西方的观点看，中国的本体论研究不够集中、超越和纯粹，但中国本体论研究比之于西方有着两个十分突出的优点：一是始终认为本体是运动、变化着的，具有鲜明的辩证特点；二是始终与现实人生结合在一起，本体贯通着自然与人伦、天道与人文。

三、现代哲学视野中的本体论

对黑格尔本体论的集中批判并没有终结本体论的研究，形形色色的拒斥后来都被证明要么是徒劳的，要么是促进了本体论研究的某种转向。在中国，一般把黑格尔之后的现当代哲学划分为科学主义、人文主义和马克思主义三大思潮。它们对本体论的研究分别标志着现代哲学本体论的语言学转向、生存论转向和实践论转向。

1. 科学主义本体论的语言学转向

孔德开创的实证主义似乎彻底抛弃了本体论，但是他的后继者们却日益发现，只要从事认识论问题的研究，就不可能回避本体论问题，尤其是当实证主义发展到逻辑实证主义阶段的时候，在语言分析层面重建哲学本体论的思潮逐渐抬头并呈越来越强劲之势。

由弗雷格、罗素奠基的分析哲学，断定哲学的任务就在于对语言进行逻辑分析，传统的形而上学没有意义。正如维特根斯坦认为的，"凡是可以说的东西都可以说得清楚；对于不能谈论的东西必须保持沉默"①。本

---

① ［英］维特根斯坦：《逻辑哲学论》，商务印书馆 2017 年版，第 23 页。

体是不可言说的神秘事物，在哲学中讨论这些问题来源于哲学家们对语言表达的误用与偏见。但是，一方面，分析哲学关于命题与实在间的"图像"关系理论事实上蕴涵着以世界事实为基础的本体论；另一方面，当语言分析哲学回归生活世界、关注日常生活语言时，恰恰要说那些不能说的东西，承认形而上学的启发性。总之，本体论并没有被彻底罢黜，而是在语言逻辑分析中再次出场。

蒯因认为，本体论问题其实可以简单地表述为"存在什么（What is there）"的问题。而对这个的表述又可分两种：一个是何物实际存在的问题，即本体论的事实问题；另一个是语言使用中何物存在的问题，即"本体论承诺（ontological commitment）"的问题。也就是说，任何学说、理论总要运用某个方便的概念体系，这是人们认识的逻辑前提。"一个人的本体论对于他据以解释一切经验乃至最平常经验的概念结构来说，是基本的。"①我们承认某种理论，实际上就是承认某种约定，即理论对某些存在物存在的预设。当然，蒯因强调的本体论承诺完全与语言相关，从根本上改变了形而上学在科学哲学中的发展进程和现代命运。正是在蒯因哲学精神的引导下，重建本体论又重新成为科学主义哲学在当代发展的重要线索之一。

2. 人文主义本体论的生存论转向

当叔本华、尼采把意志看得比理性更根本，而把世界看成是意志的表象，对从苏格拉底以来的理智主义哲学传统进行清算的时候，他们认为自己在反对形而上学和本体论。殊不知，他们不知不觉中把意志安顿到了本

---

① ［美］蒯因：《从逻辑的观点看》，中国人民大学出版社 2007 年版，第 11 页。

体的位置。一如海德格尔所说："在尼采语言中，'权力意志'、'生成'、'生命'和最广义的'存在'，乃是同一个意思。"①事实上，现代人文主义思潮中，无论是柏格森的生命、绵延，还是弗洛伊德的本能、性欲，还是胡塞尔的先验的纯粹意识、萨特的存在，均以消解形而上学本体论出发，而以建构自己特色的本体论告终。他们的共同点在于，反对传统本体论将与人无关的抽象的物质、观念、精神当作世界的本体，也反对近代本体论仅仅将人理解为思想、理性的存在物，而认为应该从人及其生存出发去理解世界的本体。其中，海德格尔的思想可谓是最典型的代表。

海德格尔明确地把"存在"问题看作是哲学本体论的基本问题。他认为自古希腊柏拉图以来的本体论研究都犯了一个致命的错误，那就是误把存在者（德文 seiende，英文 beings）当成了存在（德文 sein，英文 being），从而造成了"存在的遗忘"（seinsvergessenheit）。简单地说，所谓存在者就是已经显现出来的，能被界说的具体的东西，而存在比存在者更根本，任何存在者必须先存在，才可能成为存在者。我们不能追问"存在"是什么，因为它是不可界定和言说的。

按照海德格尔的说法，真正的本体论不是寻求终极的实在，而是追问存在的意义。要领悟存在的意义，唯一的切入点就是领悟一种特殊的存在者——此在（Dasein，人的亲在、缘在）。换言之，领悟存在的不二法门在于领悟人自身的存在，人也是一切存在物中唯一可以领悟自己的存在的存在者。海德格尔认为，此在是在世界中的，与万物共在；在人与万物打交道、发生活生生的关系的时候就赋予了万物以意义。尽管海德格尔的论证

---

① 《海德格尔选集》下卷，上海三联书店 1996 年版，第 784 页。

有些神秘、烦琐，但其本体论确实更为深刻，是现代人文主义思潮中本体论研究的最高成果。这一成果实现了传统本体论向生存论的转换。这样，玄奥的本体论终于回归于人的生存实际，直接而充分地展示了它的人文关怀与可爱的一面。

3. 马克思主义本体论的实践论转向

马克思是传统形而上学本体论的颠覆者，尽管在他的哲学中很少出现本体论一词，但他以自己独特的方式促使整个本体论研究发生了革命性的变革。在他看来，以往的哲学家都是在非历史、非生成地追寻终极的存在，而真正的问题在于人是不断主动生成的存在物。他明确指出，"全部人类历史的第一个前提无疑是有生命的个人的存在"①。为了使人的生命存在成为可能，人就必须以实践去改变世界。人是实践的存在物，人实践故人在！

马克思所理解的实践是一个总体性的概念，而不仅仅是认识的一个环节。实践中最为重要的组成部分是生产与交往，一定历史条件下人们生产与交往的水平就构成了所谓社会存在的基础，一定的社会存在决定社会意识。马克思由此揭示了社会历史的结构、社会形态的更替以及社会发展的动力机制。不仅如此，马克思还从人的生产劳动实践入手，进行人的异化（Entfemdung，与自身本质背离）问题的研究，将人与世界的意义关系奠基于实践的基础之上。

马克思的本体论思想的特色在于：一是从关于人的存在开始，把焦点放在人的类本质——实践上，具有鲜明的生命活动特征；二是因为实践是主体与客体的中介与桥梁，马克思的本体论"从两极到中介"，彻底摆脱了

———————————

① 《马克思恩格斯选集》第 1 卷，人民出版社 2012 年版，第 146 页。

传统本体论要么在客体中，要么在主体中寻找本体论的思路；三是具有鲜明的辩证法特色，作为本体的实践始终是流动和不断生成的，是向着未来敞开着的。这样就彻底终结了关于本体论的形而上学思辨。海德格尔甚至认为：

> "随着这一已经由卡尔·马克思完成了的对形而上学的颠倒，哲学达到了最极端的可能性。哲学进入其终结阶段了。无论说人们现在如何努力尝试哲学思维，这种思维也只能达到一种模仿性的复兴及其变种而已。"①

作为"构成一切真正的哲学思想的基础"的本体论同时也是"一个最困难的哲学观念"（雅斯贝尔斯语），对本体论的研究始终被视为哲学中最为上乘的思想功夫。事实上，关于形而上学、本体论终结的思想，并没有也不可能终结哲学关于本体论的追寻。本体论始终在哲学园地的最高处发出全身心的、诱惑的微笑，吸引着一代又一代哲人去探索。

思考：

1. 如何理解本体论的终极性与超验性特征？

2. 本体论在哲学史上主要发生了哪些演变？

3. 如何看待哲学史上形形色色的反本体论的思想、拒斥形而上学的思潮？

4. 了解信息科学领域中所谓"本体论"的含义，并思考其有何启发。

5. 立足现时代，本体论研究的意义究竟何在？

———————————

① ［德］海德格尔：《面向思的事情》，商务印书馆 2017 年版，第 80 页。

第八讲　知识论和认识论

认识和解释世界从来都是哲学的重要内容与功能。形而上学或本体论的终极性含义之一就是追求世界的终极解释。围绕哲学基本问题，研究人是否可以把握世界、如何把握世界的问题就属于认识论的问题。一些哲学家则毫不犹豫地断定"哲学就是认识论"①。认识论（epistemology）与知识论（theory of knowledge）各自侧重不一，在《哲学入门》中我们将不作细致区分。

一、真理：追求与怀疑

对世界进行把握，不同的人们获得的认识、知识往往存在着差异，甚至可能大相径庭。于是，就出现了一个何种认识是正确的认识、正确的知识的问题，也即真理问题。然而，正如庄子所言："天地有大美而不言，四时有明法而不议，万物有成理而不说。"（《庄子·知北游》）真理总喜欢

---

① 《毛泽东文集》第 8 卷，人民出版社 1999 年版，第 390 页。

"隐藏"自己，并非能轻易找到它。古往今来，无数的哲学家都以追求真理为要务，甚至为真理而献身。真理是我们人生在世的一个大问题，也是哲学的大问题，是认识论的核心问题。

在哲学史上，人们对真理的关注与追求发端于古代哲学寻求"本体"的困惑之中。在古希腊，人们认为真正、完整的智慧(包括知识论意义上的真理)只存在于彼岸。巴门尼德首次把真理理解为与意见对立的知识，意见来自于感觉经验，真理只有通过理性思维才能达到。他既是西方本体论的奠基人，也是西方认识论的奠基人；哲学的本体论与认识论从产生来看是合而为一的。柏拉图在阐发其本体论性质的理念说的同时，将经验与超验、感觉与思想、现象与本质、意见与真理的对立确定下来，成为哲学特别是理性主义哲学的基本信念。

在古代哲学中，哲学的焦点是本体论，认识论只是处于从属的地位。近代西方哲学的核心问题则转变为认识论问题。一般认为，哲学史上这一"认识论转向"是由笛卡尔奠定的，可以从"我思故我在"这一命题集中体现出来。"我思"成为一切真理具有确实性的唯一出发点。思维从此具有了主体内在性，真理从超越的天国降落到人间，认识也成为第一位的哲学问题。黑格尔这样评价笛卡尔的这一贡献：

> "从笛卡尔起，我们踏进了一种独立的哲学。这种哲学明白：它自己是独立地从理性而来的，自我意识是真理的主要环节。""勒内·笛卡尔事实上是近代哲学真正的创始人，因为近代哲学是以思维为原

则的。……思维是一个新的基础。"①

认识在于追求真理，因此探索真理所由而来的路径就是认识论的一个焦点问题。总的来说，哲学史上形成了两种对立的观点：先验论和经验论。

西方知识先验论最早可以追溯到柏拉图的理念论与回忆学说，以笛卡尔所谓天赋观念论为典型。笛卡尔认为，在人们的各种观念中，天赋的观念是最可靠的。我们人人都天赋有这一理性能力，只要通过回忆、自明性的直觉、必然性的演绎，就能达到真理性的知识。斯宾诺莎、莱布尼茨等欧陆唯理论哲学家都持这样的观点。

孔子认为："生而知之者，上也；学而知之者，次也；困而学之，又其次也；困而不学，民斯为下矣。"(《论语·季氏》)孟子发挥孔子有关"生而知之"的思想，认为仁义礼智等观念"非由外铄我也，我固有之也"。所以"学问之道无它，求其放心(寻求失掉的本心——引者注)而已"(《孟子·告子上》)。在宋明理学中，陆九渊把心与理等同，"道不外索"，只要"存心、养心、求放心"即可；王阳明更是明确认为，"是非之心，不虑而知，不学而能，所谓良知也"(《传习录》)。这些中国哲学家的思想从性质上看，都可视作先验论。

近代知识经验论的奠基人是培根。他明确指出，知识来源于经验，一切自然的知识都应求之于感官。洛克将培根的思想向前推进了一步，提出著名的"白板说"，认为每个人的心灵本来就像未曾使用过的白蜡板，上

---

① [德]黑格尔：《哲学史讲演录》第4卷，商务印书馆2017年版，第65、69页。

面没有任何记号和观念；全部知识都是来自后天的经验。贝克莱、休谟等英国经验论哲学家都持这样的观点。

中国哲学中的孔子虽然承认有"生而知之者"，但其重点还是倡导人们"学而知之"。荀子、王充、王夫之等唯物主义哲学家都比较鲜明地反对认识上的先验论，强调知识来自后天的经验学习。

先验论与经验论关于知识来源的对立其实也就蕴涵着认识方法上的分歧。先验论强调自明性直觉和演绎分析的方法。经验论则强调从特殊到一般的观察、实验、归纳的方法。康德试图克服两者的对立，将双方结合为所谓的"先天综合判断"（Synthetic a Priori Judgements）。康德断言，人的认识活动就是用先天的认识能力（"形式"）去整理后天的感觉经验（"质料"），先验与经验缺一不可："思想无内容则空，直观无概念则盲。"[①]但是，康德的理论并没能结束先验论与经验论的争论，许多经验论哲学把康德的哲学也归于先验论的范畴。

先验论和经验论的对立本身就折射出人类追求真理的艰难。的确，通往真理的光荣之路是狭窄的。认识达致正确、真理的困难与人类自身的局限性有关。培根曾详细分析了人类认识真相、追求真理过程中的种种障碍，提出了所谓"四假相（idol）说"：第一种假相是种族假相：人的天性或人类种族的特点决定了人们总是根据自己个人的感觉，从主观想象、愿望出发来认识、解释世界；第二种假相是洞穴假相：每个人受教育、环境、习惯、身心结构、个性、爱好的局限，形成对事物的片面认识；第三种假相是市场假相：人们在日常交往中往往运用一些选择得不恰当的词语，引

---

① 《康德著作全集》第 3 卷，中国人民大学出版社 2004 年版，第 70 页。

起无休止的争论和混乱的认识；第四种假相是剧场假相，流行的思想都不过是舞台上的戏剧，尽管精彩，但不是真实的。即使在今天，他的观点也仍然对我们有着重要的警醒作用。

正是基于追寻真理的困难性，一些哲学家对真理本身提出了质疑，本质上是质疑人能够正确地认识世界，这就是认识论中的怀疑论思想。古希腊智者学派的高尔吉尔曾经论证出这样的结论：人们无法认识事物，即使可以认识了，也无法把它告诉别人。一般认为，古代希腊怀疑论的创立者是皮浪（Pyrrhon，约公元前365—前275）。他认为，事物根本不可以认识，对于任何一个事物都可以有两种相互排斥的意见，但我们不管是从感觉，还是从思想出发，都不能判断其真假，我们其实什么也不知道，甚至连自己是什么也不知道。所以，他认为最高的善是不作判断。同时代的中国哲学家庄子认为，人们对于真理的追求、是非的决断是"日与心斗""寐以魂交"，致使精神"日消"，心近死亡。

休谟认为感觉经验就是一切，也是我们所知道的一切。但我们永远不可能确定，感觉经验是对客观世界的反映，还是来自心灵的创造，还是由上帝所赋予。康德为人的认识能力划定界限，认为人类没法认识自在之物。休谟和康德的这些思想也被称为近代形式的怀疑论。非理性主义哲学家尼采甚至断言，所谓真理就是无可辩驳的谬误！

雅斯贝尔斯指出，怀疑论的积极功能在于鼓励人们导向更为真实、深刻、彻底的确定性。人类的主流思想显然是可知论的，但正是在怀疑论的不断刺激、预警下，人们一次次从独断论的梦境中醒转，在追求真理的道路上避免了更多的曲折与误区。

二、认识及其检验

人们认识世界的直接目的是获得真理。人们追求真理的障碍不仅在于人类自身的种种认知能力的局限性，而且在于人们对于什么是真理，以及如何检验真理的聚讼纷纭。

综观整个哲学史中关于什么是真理的看法，大致可以归纳为六大类：符合论真理观、启示论真理观、融贯论真理观、实用论真理观、主观论真理观和存在论真理观。

哲学上广为接受的，也是大多数情况下未曾言明的真理观是一种符合论真理观。符合论真理观预设了思维与存在、意识与世界、主体与客体的相离，认为主体的思维、认识、信念、判断、语句等是否与世界、实在、事实、事物、对象——中国哲学则称为名与实——等相符合是判断真理的标准。凡是与客观事实相符合的认识就是真理；反之，就是谬误。一般认为，亚里士多德关于"真理是思想和物的符合"的论断是最经典的定义。后现代哲学家罗蒂把这种主客观相符合的知识观称为镜喻（mirror-metaphor）认识论。

启示论真理观与宗教神学密切关联，或者说是一种神学真理观。在宗教神学中，至上的神是全知全能的，是真理的大全和化身，人们只能通过对神的信仰，从神的启示中获得真理。在中国古代，"真理"一词最早出现于南北朝时期，其含义就是指当时的佛教教义。在印度哲学中，神所示教的真理性知识被称为圣教量，又名正教量、圣言量。

在哲学中，真理不仅有事实之真，也有逻辑之真。在一些哲学家看来，逻辑的演绎才能提供真理。逻辑演绎得来的真理是概念与概念之间的符合，而不是概念与实在的符合。"当我们谈论真理的时候，我们的意思其实是这样的：真就意味着最能与我们的经验和信念的整体网络相一致。我们之所以接受一个原理，是因为它能与我们的其他原理相匹配；我们之所以接受一则论证，是因为它源自我们所相信的东西，并且由它所导出的结论我们能够接受；我们之所以能就证据达成一致，是因为它与我们的假设相合，而且能够形成一幅融贯的图像。"①这就是所谓融贯论的真理观。

实用论真理观又称工具论真理观。持这种真理观的哲学家认为一个命题或者一种理论是真的，当且仅当它是有效用的。符合主体的目的、对主体有用的就是真理。或者说，真理本就是为了主体的目的而人为虚构的。美国的实用主义哲学家们是这种真理观的典型代表。皮尔士（Charles Sanders Peirce，1839—1914）认为"有效果即真理"或"信念即真理"；詹姆斯（William James，1842—1910）则明确指出"有用即真理"。

主观真理观是相对于所有客观真理观而言的。客观真理观相信真理具有不以个人意志、意见为转移的客观内容。相反，主观真理是指那些被认为依赖于主体及其信念的真理。事实上，实用论的真理观一般也被归纳到主观真理论中。主观真理论最坦率的拥护者是存在主义哲学家基尔凯郭尔（Kierkegaard，1813—1855）。他认为，个人的真理、主观真理至少是众多真理中的一种，而且是最重要的一种；人生"关键在于去寻找一种为我

---

① ［美］罗伯特·所罗门：《大问题：简明哲学导论》，清华大学出版社 2018 年版，第 174 页。

的真理，找到那种将为之生、为之死的观念"①。

很多哲学家也试图把上述真理观统一起来。例如中国当代哲学家金岳霖(1895—1984)就提出：我们感兴趣的融洽是表示符合的融洽，感兴趣的有效是表示符合的有效，感兴趣的一致是表示符合的一致。但是，在海德格尔看来，无论是诸种真理观，还是对这些真理观试图进行统一的真理观从根本上都错了。他认为，使真理成为真理的东西才是最为根本和重要的。海德格尔通过词源考察指出，真理 aletheia 一词在希腊文中从来不意味着认识的某种状态正确无误之类，它只意味着得到揭示的存在者，相应的动词 alethenein 则指：把存在者从掩蔽状态中取出来让人在其无蔽状态中看。当然去蔽需要一种特殊的存在者即此在(人)。"真理本质上就具有此在式的存在方式，由于这种存在方式，一切真理都同此在的存在相关联。"②真理就意味着无蔽、开敞，是存在的澄明、显现。这种真理观被称为存在论的或生存论的真理观。

无论持什么样的真理观，是否获得真理总得有一个检验的标准。不同的真理观决定着不同的真理检验标准。归结起来，真理标准大致有如下不同观点：

第一种是证实标准。就是看人们获得的认识与客观事实是否相符合，能否在经验中得到证明。

第二种是经典标准。就是借助权威、经典来为自己的观点、理论提供真理性的辩护。

---

① 叶秀山、王树人主编：《西方哲学史》第 7 卷上，凤凰出版社、江苏人民出版社 2005 年版，第 458 页。
② [德]海德格尔：《存在与时间》，生活·读书·新知三联书店 2014 年版，第 261 页。

第三种是自明或自洽标准。认为真理的标准就在思维内部，其标准就是思维自身的清楚、明晰，是理论自身的自洽、无矛盾。

第四种是实用的标准。实用主义认为一个观念是不是真理就取决于能否使得个人获得成功，达到目的。一些非理性主义哲学则认为检验认识是否为真理就看其是否能满足人的本能、意志等非理性欲望。

第五种是公共承认或约定的标准。这一标准由科学哲学家彭加勒（J. H. Poincare，1854—1912）最早明确提出。他认为科学中的概念、理论、原理等等只是一些符号、记号，不是客观实在本身的反映。它们不是起源于具有客观基础的经验，也不是先天的，而是科学家们出于方便或简单性要求而彼此约定的，是由于大家同意才发生作用的。

第六种是否证标准。这是科学哲学家波普尔（Karl Popper，1902—1994）最先提出的方法。他认为，所有的知识、理论其实都是一种假说，理论的真正检验不在于试图去证实它，而在于试图否证它，找出它的弱点，也就是廓清其假设的前提条件。一个理论的科学性（真理性）就在于它是在一定条件下能被驳倒的；一种不能被事实驳倒的理论（如宗教理论）就是非科学的。

第七种是实践标准。这是马克思主义哲学所坚持的真理标准。真理既不能在离开主体的客体中去检验，也不能在离开客体的主体中去检验，而应该以沟通主客体的桥梁同时也是人的生存活动基本方式即实践来检验。

当然，不少哲学家是综合运用各种标准的。自觉不自觉地综合运用多种真理标准，也是现实生活中很多人的自在倾向。至于海德格尔等人的生存论真理观，它已经不再属于传统的认识论范围，它的检验标准只能是生存本身。

三、哲学认识论的现代走向

近代认识论是哲学认识论的经典形态，主要关注两方面的问题："第一，寻求和确定一个绝对的知识标准，从而把知识与意见、谬误和未曾经受科学批判的常识区别开来；第二，为符合这种标准的科学知识的可能性寻找理论根据、理由和基础，从而达到论证和辩护此种知识标准及与此相关联的科学知识观的目的。"[①]但是，在现代社会，随着社会、科学发展和学科的精细分类，经典认识论的很多问题已经从哲学中分离出去，成为心理学、物理学等经验科学的内容。20世纪，经典认识论在科学领域遭遇相对论、量子力学等的重大挑战，在哲学领域也逐渐被扬弃。

1. 科学哲学不再试图为科学知识提供先验的哲学基础，而是侧重于科学方法与知识演化、认识发展的研究

现代科学哲学的奠基者是波普尔，他基于否证（证伪）理论，不仅对人类全部知识进行了科学与否的划界，而且提出了科学知识演进的四阶段模式：P1→TT→EE→P2…"P1"表示科学开始于问题；"TT"表示针对问题提出各种相互竞争的猜想与假设；"EE"表示各种猜想与假设之间进行激烈的批判，并筛选出最"逼真"的假设；"P2"表示理论假设被否证，产生出新的问题。波普尔这一科学演进模式使认识论研究走向了整体的、历史的研究。

[①] 黄颂杰：《西方哲学的多维透视》，上海人民出版社2002年版，第297—298页。

继波普尔而起的库恩(Thomas Kuhn，1922—1996)着眼于科学的历史与现状，将社会因素、科学家及科学家集团的心理、价值、信念等引入科学哲学的研究，提出了著名的"范式"(Paradigm)理论。"范式"又称为"专业母体"，主要指某一科学家集团在某一专业或科学中所具有的共同信念。库恩认为科学发展就表现为"范式"的不断转变。

费耶阿本德(Paul Karl Feyerabend，1924—1994)将非科学因素对科学研究的影响推向极端，由历史主义走向了相对主义。他认为，科学和宗教、神话等非科学形态有着密切的关系，很多科学成就的取得都是非理性支配的结果。科学完全不应该，也不可能凭借自己的力量排斥非科学形态，科学探索应该有一种民主、自由的风气，只要能增进知识，促进创新，"怎么都行"——包括宗教的、神话的和巫术的方式方法。

2. 胡塞尔开创的现象学自觉地继续近代认识论的主题研究

针对19世纪末20世纪初西方社会中的自然科学危机和社会危机，胡塞尔认为哲学的任务就是追求绝对真理。以往哲学之所以未能找到绝对真理，是因为它们犯了自然主义的错误，没有找到哲学的真正对象。他宣称哲学的研究对象是"纯粹意识"(pure consciousness)，即抽去了时间和空间、清洗掉一切经验因素的意识本身。由于意识具有指向对象的"意向性"和构造对象的能动性，我们才能通过反省主观意识获得对事物本质的认识。胡塞尔还提出了著名的现象学还原方法，其中最有名的是所谓"悬搁法"或"括弧法"。就是把外部世界的存在问题和一切传统知识统统置于括弧中存而不论，不问他们是正确还是错误，从而"面向事情本身"。

胡塞尔晚年提出了生活世界的观念，认为生活世界是直观的，它先于科学世界和哲学世界。归根结底，科学和哲学都可以还原为生活世界，生活世界是唯一真实的世界。主要是从胡塞尔开始，"回归生活世界"逐渐成为哲学以及整个人文社会科学的一个重要口号。

3. 语言分析哲学使哲学从体系时代进入分析时代

语言分析哲学直接把矛头对准近代以认识论为核心的庞大思辨体系哲学，以语言分析的方式取消传统哲学问题，建立起全新的认识论。

在语言分析哲学早期，哲学家虽然使用语言分析的新方法，但是除开消解形而上学之外，其根本精神与近代认识论并没有根本的差别。罗素的逻辑原子主义和维特根斯坦早期的图像论都认为，语言逻辑与世界具有同构性——当然也只有在此基础上，语言分析才是可能的和合法的。但是，在后期语言分析哲学中，这种旨趣发生了很大的变化。后期的维特根斯坦提出了所谓语言游戏说。他认为语言是人生活的工具，只有在使用中才能获得确定的意义，语言的使用其实是一种游戏，游戏规则是参与游戏的人即生活中的人们共同约定的。哲学就在于描述这种生活中的语言游戏，解除由于语言误解导致的迷惑。

蒯因则提出了著名的译不准原则，即一种语言表达的意义，不可能在它原来使用的意义下，无歧义地翻译为另一种语言。罗蒂利用库恩的范式理论将蒯因的思想进一步极端化，认为不同文化、范式在根本上是不可公度的。至此，认识的问题逐渐被归结为社会、历史、价值的问题。

4. 哲学解释学直接以对意义的理解为主题，认识论在新的视野中得到发展又走向了消弭

施奈尔马赫（Schleiermacher，1763—1834）、狄尔泰（W. Dilthey，

哲学入门　|

1833—1911）将解释学引进哲学，指出人文社会科学有着同自然科学完全不同的把握方式，即以解释、理解的方式进行。不同于反映性认识，理解、解释是一种生命直观、心灵创造的活动。

在哲学解释学看来，历史性是理解的本质属性，任何人的理解都是以先见、偏见、传统为前提的。伽达默尔（Hans-Georg Gadamer，1900—2002）强调，理解的传统是一种先于认识活动而存在的前判断体系，决定着对意义和真理的预期，这就是理解的视域（Horizon）。当我们去进行认识、理解时，其实是多个视域融合成新视域的过程，这就是所谓视域融合（Fusion of Horizon）。

另一些哲学解释学家专注于对文本（text）的解读。利科（Paul Ricoeur，1913—2005）认为，文本具有隐喻的特点，它并不指称实在世界，有着很多言外之意，是一个不可实指的可能世界。甚至，文本独立于作者和读者，展现着一个随历史而变化的想象世界。德里达则提倡一种对文本的歧异性的阅读与理解，认为一个文本的生命力就在于它能否提供这种歧异性。

5. 反对和解构近代以来认识论是后现代哲学的基本立场

后现代主义反对近代以来形成的经典认识论，甚至从根本上否认真理的存在。

利奥塔认为包括科学知识在内的所有知识的合法性基础都依赖于叙事。从归根结底意义上，人们是否相信某种知识就取决于叙事方式。福柯认为，一切人类表面看来异彩纷呈的人文现象都受深层的结构制约，而这些结构是无意识、非固定的、断裂的。知识并不是理性认识外部实在世界的产物，而是权力的产物。反过来，拥有相应的知识就具有相应的权力。知识因而不具有任何客观性和确定性。

从现代哲学中科学哲学、现象学、语言哲学、解释学、后现代主义关于认识论的内容来看，普遍地存在对传统、经典、纯粹认识论的扬弃与超越，而且尽管角度不同、程度不一，但在扬弃和超越中，都走向了对认识的社会历史性、认识主体的价值诉求的凸显。

值得补充强调的是，在中国传统哲学和印度哲学中，从来就没有纯粹和经典的认识论。以中国为例，道家认为"言不尽意"，其强调的坐忘、心斋是一种返璞归真、提升境界的方法。中国儒家则主张"尊德性而道问学"，格物、致知、诚意、正心、修身循序一体，把追求知识与修养道德统一起来。《中庸》说："自诚明，谓之性；自明诚，谓之教。诚则明矣，明则诚矣。""诚"是尽性所得道德，"明"是穷理所得知识。两者是互通的，通过知识可以到达道德，通过道德也可到达知识。中国传统哲学即使涉及认识论，这种认识论也始终具有生命实践和伦理规范的特征。

思考：

1. 为什么说真理总是喜欢隐藏自己？

2. 如何评价认识论上的怀疑论？

3. 在各种真理观和认识检验标准中，你服膺于哪些观点？为什么？

4. 谈谈中国传统哲学关于认识、真理问题的独特看法。

5. 哲学认识论在现代有哪些新的走向？给我们什么样的启示？

第九讲　历史观与历史哲学

　　世界不仅是一个空间概念，也是一个时间概念。哲学智慧不仅要"究天人之际"，而且要"通古今之变"。世界、人、人与世界的关系以及我们对它们的把握都属于流动着的历史中的一部分。当哲学对这种流动的历史性进行深刻沉思时，人们才把更多的注意力引向了 becoming，而不是 being 和 knowing。事实上，"历史性是哲学本身生成和存在的基础性概念……历史是哲学的根基之所在"①。不仅完整的哲学包括历史观和历史哲学，历史哲学也揭示着哲学的本质属性。

一、哲学的"历史性"转折

　　在西方，"历史"（history）一词起源于古希腊历史学家希罗多德（Herodotus，公元前484—前425）一部闻名遐迩著作的名字 historia，最初含义是讲故事、叙述。在中国古代，最初以"史"来指称发生的事件及对这些

---

　　①　韩震：《历史哲学》，云南人民出版社2002年版，第7页。

事件的记录，直到晋代才出现"历史"一词。总的来看，"历史"一词演变至今至少有三方面的含义。一是指以往发生的种种事情，例如，我们常说"忘记历史就意味着背叛"；二是指对以往发生的事情的描述与研究（历史学），大学中历史系的"历史"就是这种含义；三是指一切事物存在的条件性和过程性，例如我们说"要历史地看问题"。第三种含义是最具有哲学意味的，它在本质上制约着对前两种含义的理解。就历史是指以往发生的事情而言，"以往"总是指向一定历史条件下的人们所处的社会和时期；就历史是指对过去发生的事情的描述与研究而言，只有真正揭示出事物存在条件性与过程性的历史才是真正的历史；就历史是指一切事物存在的过程性与条件性而言，人乃是历史的存在物，严格地说，也只有人才是历史的存在物，一切历史都是人类历史。

哲学在其发展中曾长期没有聚焦于历史。在西方古希腊罗马时期，哲学的视野更多地投向了宇宙星空或理念世界，侧重于本体论的探讨。中世纪哲学则成为神学的婢女，核心的工作是论证上帝的存在。近代科学与哲学认识论相互支撑，各自都得到了迅猛发展。但是，这时的哲学认识论即经典认识论还只是一种罗蒂所说的"自然之镜"。甚至在西方近代哲学"教父"笛卡尔的视野中，历史、历史学都被明确地驱逐出知识、科学的领域。正是在这种情况下，有一位哲学家用今天看来完全是机智的方法开辟了哲学的一片新天地。这个哲学家就是意大利的维柯（Giovanni Battista Vico，1668—1744）。

维柯批判笛卡尔的认识标准完全是主观的或心理的标准，并不能证实。与之相反，他提出了被称为历史哲学"拱顶石"的原理：我们只能认

识自己能够做或创造的东西——真理即行动。由此他指出，

> "过去哲学家们竟倾全力去研究自然世界，这个自然界既然是由
> 上帝创造的，那就只有上帝才知道；过去哲学家们竟忽视对民族世界
> 或民政世界的研究，而这个民政世界既然是由人类创造的，人类就应
> 该希望能认识它。"①

既然人类历史是人类唯一能够认识的对象，所以关于历史的认识才是
唯一真正的科学，自然科学对于人类来说是不可能的，不是真正意义上的
科学。为了有别于当时流行的种种研究自然的科学，维柯把他研究历史的
科学称为"新科学(Scienza Nuova)"。

作为西方历史哲学之父，维柯事实上开创了一个哲学新时代。不过，
维柯所处的时代正是传统认识论尤其是唯理论的认识论如日中天的时候，
所以他注定是孤独的。正如柯林武德说的："他确实是走在他时代的前面
太远了而没有产生很大的直接影响。要直到两个世代以后，才在18世纪
晚期的德国出现了历史研究的繁花盛开，这时德国的思想由于它自身的缘
故而达到了有似于维柯的地步；只是到了这时候，维柯的工作的特殊功绩
才为人所承认。"②

从维柯的开创直到历史哲学的"繁花盛开"是有一个过程的，这个过
程以批评法国启蒙思想家的抽象的理性主义历史观念为特征。法国启蒙哲
学家的历史观念中有两个核心观念：历史进步观念和天赋理性观念。认为
人人天赋理性，但只有经过启蒙的人才能运用自己的理性，遵从理性的指

---

① ［意］维柯：《新科学》上册，商务印书馆2017年版，第159页。
② ［英］柯林武德：《历史的观念》，商务印书馆2017年版，第118页。

导历史就可以获得无限的进步。启蒙哲学家的这些历史观念较之于中世纪当然是很大的进步。但是，历史在启蒙哲学这里被简单化，历史的丰富性、复杂性被遮蔽。同时，启蒙哲学还很轻视对于未启蒙的所谓蒙昧、野蛮时代的研究，傲慢地将之归于史前史。

卢梭是第一位对启蒙思想进行反思和批判的哲学家。卢梭看到社会进步的对抗性矛盾，他指出，使人文明起来的理性能力同时也是人类一切苦难和不幸的根源，正是因为它，人类才不断堕落，社会才演化出不平等。他还指出，要想使人理性化，首先就得使理性人性化，开始从人的存在而非抽象的理性的角度来看待历史。卢梭开始注意人类发展的全部历史过程，尤其是人类从自然（蒙昧）状态向社会（文明）状态过渡的历史。文德尔班这样评价卢梭对历史哲学的贡献："文化本身的价值和自然与历史的关系就这样通过卢梭刻意描述变成了最令人难忘的问题；这个问题……决定了历史哲学的开始。"①

在维柯、卢梭的基础上，第一次以严格意义上的历史哲学的方式去研究人类社会的是德国哲学家赫尔德（Johann Gottfried von Herder，1744—1803）。赫尔德直接而明确地批判法国启蒙思想家的理性主义和机械主义的历史观念。他认为启蒙思想家过于轻视过去的历史，而过分强调自己和自己时代的作用，是一种自鸣得意。同时，简单地用野蛮与文明、无知与理性等对立的方式来规定历史阶段、状态和不同的民族是错误的。赫尔德强调要对各民族进行同情的理解，他热情地描述了世界各民族的特性及其文化表现。赫尔德还明确地把人性作为世界历史的目标。从赫尔德以后，

---

① ［德］文德尔班：《哲学史教程》下卷，商务印书馆 2017 年版，第 228 页。

哲学入门

历史哲学被彻底奠基了，并很快在德国呈现"繁花盛开"的景象。

那么，历史哲学为什么能逐渐出现"繁花盛开"之势，并成为当代哲学的一个重要部分呢？除开18世纪晚期德国的具体现实之外，更重要的原因在于两个方面：

一是历史作为近代科学"剩余"的升华。正如柯林武德的经典分析，哲学的题材往往取决于某个特定时期里人们在其中发现了特殊困难的那些特殊问题。从16世纪开始，思想的主要努力关注于奠定自然科学的基础，而到了18世纪，一方面，"根据数学或神学或科学或所有这三种合在一起便能穷尽一般的各种知识问题的这一假设而出发的知识理论，已不再能令人满意了。"另一方面，"流行的各种知识理论都指向科学的特殊问题……而在各个方面都在勃兴的这种新的历史技巧却没有被人顾及。所以就需要有一种特殊的探讨，它的任务应当是研究这一新问题或这一组新问题，即由有组织的和系统化的历史研究之存在而造成的哲学问题。这种新探讨就可以正当地要求历史哲学的称号。"[1]确实，从18世纪开始，"历史学不再仅仅是一种闲暇话题或治国宝鉴，而是智慧和真理的储存器，生活的指南"[2]。

二是人们对自身存在的历史性领悟。与形而上学的本体探求相适应，古希腊罗马哲学家一般只注重寻求变中不变的本质、存在，认为那才是真实、真理所在，而变化的只是表象世界。中世纪批判古希腊的循环、轮回之说，给予人以通往天堂的历史图式，人存在的历史性得以初步呈现。但

---

[1] ［英］柯林武德：《历史的观念》，商务印书馆2017年版，第32—33页。
[2] ［美］罗兰·斯特龙伯格：《西方现代思想史》，中央编译出版社2005年版，第171页。

是，上帝操纵历史的宿命最终扼杀了人对自己存在的历史性的领悟。文艺复兴以降，西方社会开始了所谓现代性的时期。现代性（modernity）首先是一种与过去决裂，注重现在、未来的观念与态度，还是一种理想，一种时代意识、历史意识的觉醒，本质上是人对自身存在的历史性的自觉。当哲学告别形而上学，走向现代形态时，其实也就真正完成了"历史性"的转变。

试图得出历史哲学的定义是困难的，但我们至少知道，源自西方的历史哲学主要指涉相互关联的三方面理论、学说：一是探讨社会历史的过程与一般趋势、规律；二是研究历史认识、历史理解的方法与性质；三是对人的存在的历史性进行探究。因此，我们可以简约地认为，所谓历史哲学，就是人们对历史和历史性的哲学反思。与此相关，历史观则是人们对历史的理论化、系统化的根本观点。一定的历史哲学总是蕴含着一定的历史观。与我们对历史哲学的理解相应，历史哲学研究的主要问题有：历史的本质，历史的趋势与规律，历史变迁的动力，历史的认识、理解方法，存在的历史性，等等。

二、历史哲学的历史

历史上的历史哲学大致可以分为思辨的历史哲学、批判的历史哲学、分析的历史哲学与马克思的唯物史观四大流派。批判和分析的历史哲学是思辨的历史哲学破产的逻辑结果。马克思的唯物史观尽管诞生于 19 世纪中叶，但它在逻辑上扬弃了其他历史哲学，完成了历史哲学最为革命性的变革。

1. 思辨的历史哲学

思辨的历史哲学把自己的焦点放在历史客体上，试图以逻辑思辨的方式探求历史过程及其规律，体现了历史研究中的形而上学性质。正如沃尔什所言，思辨的历史哲学家"显示出了思辨的形而上学家的通常品质：大胆的想象、丰富的假设、一种追求统一性的热情"①。一般认为，思辨的历史哲学自身又可分前后两个时期，代表人物分别是康德、黑格尔和斯宾格勒(Oswald Arnold Gottfried Spengler，1880—1936)、汤因比。

严格地说，历史哲学从一开始就是思辨性质的。维柯就把人类历史归结为神的时代、英雄的时代、凡人时代三个阶段；伏尔泰更是高举理性主义大旗，号召用哲学之光照亮黑暗的历史档案馆。康德认为，历史哲学就在于在历史领域揭示类似于开普勒、牛顿在自然界发现的规律。在康德看来，人类历史是自己创造的，同时人类历史大体上可以看作大自然的一项隐秘计划的实现。所以，人类历史是合目的与合规律的统一。

近代历史哲学在黑格尔那儿达到了思辨的最高峰，在他的历史哲学中，以往的哲学主题和思路都在一个庞大的思想体系中获得一席之地。黑格尔把历史看成是理性的发展过程：

> "'理性'是世界的主宰，因此世界历史是一种合理的过程。"②

也就是说，历史与逻辑是同一的，宇宙精神体现在有着逻辑关联的各

---

① ［英］沃尔什：《历史哲学导论》，广西师范大学出版社2001年版，第4页。
② ［德］黑格尔：《历史哲学》，北京出版社2012年版，第8页。

种哲学、各民族的哲学之中，理性狡猾地利用一切人类动机最终迈向所有人的自由。英雄人物成了历史不自觉的工具，如拿破仑就被黑格尔称为骑在马背上的宇宙精神。当然，黑格尔关于世界历史行程的理论是注定遭人诟病的：世界历史始于中国，经由印度、波斯、埃及转到古希腊，在那里才开始了真正的发展，最终在日耳曼实现了自由的目的。黑格尔是第一位真正以世界的、历史的、哲学的眼光来研究全人类历史的哲学家，尽管他犯了十分明显的西方中心主义的错误。

第一次世界大战使历史哲学中风行的乐观主义的进步历史观遭受沉重打击，出现了所谓悲观派的思辨历史哲学。斯宾格勒 1918 年出版《西方的没落》一书，认为历史不过是生命的外在标志，有生命的文化才是历史的基本单元，历史规律就是"文化"的兴衰律。他认为，每个"文化"都要经历诞生（孩童、春）、生长（青年、夏）、成熟（壮年、秋）、衰败（老年、冬）的周期。斯宾格勒还从他所处时代文学艺术没落、机械城市窒息和金钱统治等表现得出西方"文化"没落的结论。脱胎于斯宾格勒的思想，英国历史哲学家汤因比在《历史研究》一书中把世界历史分为 26 个文明单元。他认为，文明的核心是宗教，而文明的诞生是人类在对自然的"挑战"进行"应战"的过程中形成的，文明的传播依靠的是模仿。在此基础上，汤因比把历史规律归结为"文明"的兴衰律，认为每个"文明"都要像生物体那样经历生老病死的必然周期。他后来还预言：人类的未来在东方，中华文明将引领世界，为人类提供一个全新的文明起点。

由于脱离历史实际，无法令人满意地解释历史，思辨的历史哲学在当代历史哲学中影响逐渐势微，在 20 世纪逐渐为批判和分析的历史哲学所

哲学入门 |

代替。

2. 批判的历史哲学

批判和分析的历史哲学共同特点是不再把重点放在历史事实或客体上，也不再去寻找历史的规律、本质之类，而是把焦点放在主体方面，探讨人们怎样认识和解释历史，揭示历史对于主体的意义。思辨的历史哲学更多地关心历史的本体，而批判和分析的历史哲学更多关注的是人们对历史的认识。也有人将思辨的历史哲学称为历史的哲学，将批判和分析的历史哲学称为历史学的哲学。

人们一般对批判的历史哲学与分析的历史哲学不加区分。事实上，前者更注重突出历史科学的人文科学性质及其独特的认识方法，后者主要是在西方科学哲学和分析哲学影响下形成的，认为历史学认识是语言逻辑问题，寻求自然与历史的统一认识方法。因此，我们可以认为，批判与分析分别是现代人文主义思潮和科学主义思潮在历史哲学领域的投射。

狄尔泰（Wilhelm Dilthey，1833—1911）堪称现代历史哲学的奠基者。他认为自己的任务就是要把康德式的理性彻底历史化。从生命哲学出发，狄尔泰认为生命与历史是同一个东西，凡用生命创造的东西都是可以理解，也是只能理解的东西。因此，历史科学与自然科学的差别就是在于它的研究对象是客观精神，而方法就是基于生命体验的理解。文德尔班（Wilhelm Windelband，1848—1915）、李凯尔特（H. Rickert，1863—1936）认为与自然科学不同，历史事件都是一次性的，并无规律可言，历史科学不在于概括规律，而在于描述特征；历史的本质是有意义或有价值的个别，价值是历史研究的根据；依据价值，历史科学本质上是一门批判的科学。当然，一般认为，批判的历史哲学得名于英国历史哲学家布拉德雷(Bradley, Francis Herbert, 1846—1924)的《批判历史学的前提》一书。

在批判的历史哲学中，最为著名的哲学家是意大利的克罗齐(Benedetto Croce, 1866—1952)和英国的柯林武德。作为新黑格尔主义者，克罗齐认为世界无所谓实在、自然，只有精神，自然科学所谓的认识是虚妄的概念，所谓认识只是精神的自我认识。历史与精神是同一的，对历史的把握就是对精神的把握。克罗齐认为，历史并未远去，也不是客观的。只有仍旧具有生命的事件才能进入历史思想，历史存在于当代精神之中，人们总是以当代的心灵和兴趣去把握过去。所以，"一切历史都是当代史"。柯林武德受黑格尔、狄尔泰的双重影响，认为解释是世界的基础和本质，而人类精神生活有一个从低级到高级的历史过程：艺术(想象)、宗教(信仰)、科学(实证)、历史(过程)、哲学(逻辑)。历史(历史学)低于哲学的原因在于历史学只关注研究对象，缺乏对自己观点的反思和批判。他还明确指出，批判的历史哲学与思辨的历史哲学的本质区别就在于它对历史思维进行批判；历史与自然的差别在于它是一种活着的过去，而过去活着的方式乃是历史思维活动，即思想，在思想之外没有历史。柯林武德认为，"一切历史都是思想史"。

3. 分析的历史哲学

分析的历史哲学的主要代表人物是波普尔和亨普尔(Carl Gustav Hempel, 1905—1997)。

在波普尔看来，人是自然的一部分，按照其证伪理论，把握人类历史与把握自然一样都靠猜想和理解，我们获得的历史都只是假设性的。因此，没有某事物的历史，只有关于某事物的历史。根据他的科学发展模式理论，历史是不断被改写的，历史本身也没有意义，是人给它以意义。波普尔历史哲学中更引人注目的是他对思辨的历史哲学及其历史决定论的批判。他认为一切思辨的历史哲学(马克思的唯物史观也被他归于此类)都是不能被证伪的伪科学。他认为，知识的进步是不可预测的，而知识极大地作用于历史，所以社会历史也是不可预言的，根本无规律可言。社会改造不能进行激烈的革命，而只能是逐步改良的社会工程，这是试错法在社会科学中的应用，就像在自然科学中一样行之有效。

亨普尔1942年的论文《普遍规律在历史学中的作用》，被称为严格意义上的分析的历史哲学的开端。他批评批判的历史哲学把历史科学与自然科学截然分开，他认为任何真实的解释都必须是科学的解释。普遍规律是自然科学与历史科学共同的基础，自然科学与历史科学的方法也是统一的。历史学的根本目的不是叙述事件，而是像自然科学那样寻求普遍规律或科学假设，这样才能最终使历史事件获得科学的解释。不过，他说的规律是一种所谓覆盖律(covering law)，它包含着两个要点：(1)解释一个事件就是说明它是可以预言的；(2)要说明事件是可以预言的，就必须说明这个事件可以归入某些因果关系。在解释和预见之间获得一种逻辑上的对称性就是历史哲学所理解的规律。无疑，这种规律是一种概率性的规律。

4. 唯物史观

马克思一生最突出的贡献在于历史哲学，即提出了影响十分广泛的唯物史观。马克思对当时的哲学、历史哲学都持批判态度，但很欣赏维柯开创的"新科学"。他在为自己的思想进行定位时拒绝"历史哲学"的提法，而是宣告：

　　"我们仅仅知道一门唯一的科学，即历史科学。"①

　　恩格斯甚至还说过：历史就是我们的一切！马克思不仅反对康德、黑格尔的历史哲学，而且不认为唯物史观是超历史的"一般历史哲学"。他认为，把他的历史哲学理论当作普遍的历史哲学，既给他过多的荣誉，也给他过多的侮辱。可见，马克思的唯物史观并非思辨的历史哲学。当然，马克思的思想显然也不能归入分析的或批判的历史哲学，因为马克思和恩格斯的历史科学重点不在于讨论如何认识世界和历史，而在于如何改造世界和创造历史。唯一可能的表达是，马克思开创了一种新的历史哲学。

　　众所周知，马克思的唯物史观确实揭示了社会历史的一些规律，如生产力决定生产关系、经济基础决定上层建筑、社会存在决定社会意识、历史向世界历史转变等；马克思的唯物史观也确实提出了一些研究社会历史的方法，如辩证的方法、从后思索的方法、历史与逻辑相统一的方法等。但是，马克思历史哲学更为本质的内容是对历史的存在论把握或对人及人类社会存在的历史性洞察。在马克思看来，历史与存在是同一的，任何人类历史的第一个前提就是有生命的个体的存在；任何存在都是在历史中产生、发展，也必将在历史中消亡；事物就是它的历史过程本身。马克思第一次彻底结束了任何关于永恒的、形而上学的幻想。进而，马克思认为历史的本质是现实的人的活动，即实践。实践创造历史；人是实践的前提，也是实践的结果，实践是人的类本质。马克思的唯物史观把焦点放在实

① 《马克思恩格斯选集》第 1 卷，人民出版社 2012 年版，第 146 页。

践，既不像思辨的历史哲学那样外在于历史地虚构，也不像批判和分析的历史哲学那样只是停留于对历史的认识与解释。或者说，马克思的历史哲学对于历史的认识是一种实践的解释学，对历史的理解和把握就意味着改变、创造。马克思使得人们对历史的本体、认识、意义的探讨统一起来，人们对历史的理解、把握与其实践方式内在地统一起来。

在马克思看来，历史与自然的区别在于历史是人创造的，而历史的发展就是人的发展。人并没有固定不变的本性，人和人的本性就是在历史活动中逐渐生成的，整个历史也无非是人类本性的不断改变而已。恩格斯甚至直接点出，他和马克思所说的"历史科学"就是"关于现实的人及其历史发展的科学"。人在历史中的地位，一方面是创作剧本的"剧作者"，另一方面是按照剧本进行演出的"剧中人"。人们通过实践改变自然、社会、人自身的最终目的是获得个人自由而全面的发展。马克思的历史哲学或历史科学试图不仅给历史以科学，而且给科学以历史，努力实现科学与人文的高度统一。我们也可以说，马克思及其开创的历史哲学传统在逻辑上实现了对思辨的历史哲学、分析或批判的历史哲学的双重超越——尽管马克思的思想可能是时间在先的。

三、当代历史哲学新进展

20世纪中叶以来，随着时代的变化和现代哲学的发展，历史哲学获得了新的发展。总的来说，历史哲学逐渐告别了逻辑的思辨与分析，具有了如下三种重要的趋势。

1. 对存在的历史性的深刻追问，向一种实践哲学转变

对存在的历史性追问应该是历史哲学最深刻、最为根本的内容。在当代哲学中，存在主义和解释学将这一问题推向了纵深。

在海德格尔看来，走向作为科学的历史学完全是传统形而上学的产物，只是研究了存在者，而真正的存在和真正的历史反而被遮蔽了。只要真正去研究存在，就将发现"对存在的追问……其本身就是以历史性为特征的"①。如前已述，海德格尔认为，领悟存在的唯一途径是领悟此在（Dasein）。此在总是在时间、空间、关系中的情境性存在。作为必死的存在，此在总是先行到未来，从将来迈向自身，是时间性的存在。同时，此在是在世界中的存在，而且只有此在才使世界"在起来"。所谓世界是此在和他人及其非人的存在者的总体存在关系。这样，历史是此在在世界中的存在方式，此在的历史性本质上是世界的历史性。此在与世界发生关系的方式是操心（Sorge，又译烦）——海德格尔意义上的实践！人们的实践的总体关系构成他们的存在，构成了他们的历史。在这里，海德格尔把存在、历史和实践统一起来。历史性成为了存在的本质属性。

伽达默尔继续海德格尔的历史本体论观点，认为历史就是人的世界，历史性是人在世的基本特征，理解是人存在的基本方式。因此，理解必然是历史的理解。理解的历史性具体体现为传统对理解的制约作用。传统的制约使得任何对历史的把握都是一种效果历史。这样，理解就不仅仅是意识的行为，它更以反思的方式在创造着历史。也就是说，理解本身是人的一种最基本的实践行为，人们以理解的方式创造着历史。没有人的实践、

---

① ［德］海德格尔：《存在与时间》，生活·读书·新知三联书店2014年版，第25页。

　　　　　　　　　　　　　　　　哲学入门　|

理解，就没有我们共在的世界，也就没有历史，实践是世界和历史的本体，一切关于历史性的追问最后都聚焦在人的行为实践上。最终，历史哲学的任务也就是从实践的角度来阐明历史本身，而不需要更多的描述和建构。历史哲学的必然归宿是实践哲学。

2. "继承"马克思"改变世界"的精神，走向社会批判

西方马克思主义者以马克思的传人自居，发扬马克思历史哲学的实践批判性精神，对当代（主要是西方）人们的实践方式进行哲学反思，对所谓正统的马克思主义（主要指苏联官方阐释的马克思主义）进行批判，开辟了历史哲学的社会批判维度。主要涉及主体的历史辩证法、意识形态与文化批判、社会变革与人的解放等主题的探索。

从西方马克思主义的创始人卢卡奇（Szegedi Lukács György Bernát，1885—1971）、柯尔施（Korsch，Karl，1886—1961）、葛兰西（Gramsci. Antonio，1891—1937）开始，就比正统的马克思主义更早、最自觉地强调马克思历史哲学的实践性、主体性。他们认为，辩证法是马克思历史哲学的实质，但是辩证法决不是客观存在的自然辩证法，而是历史的辩证法，尤其看重历史主体在辩证法中的突出地位。法兰克福学派一方面对主体进行历史、社会的理解，反对把主体仅仅看作抽象的精神、意识主体，另一方面强调主体比客体更为根本。阿多诺（Theodor Wiesengrund Adorno，1903—1969）的否定辩证法进一步揭示了辩证法的历史性、主体性特征。哈贝马斯则试图扬弃近代以来的主体性哲学，把主客体关系的行为称为工具行为，认为取而代之的应该是凸显主体间性（inter-subjectivity）的交往行为。

正因为西方马克思主义对主体的强调和其浓厚的学院派性质，他们逐渐放弃了像马克思那样对现实的政治、经济结构进行分析与批判，而对社会意识情有独钟。他们发挥了马克思关于异化和意识形态的理论，认为当代西方社会中的人们处于一种普遍的异化状态，根本的问题是受一种源自统治阶级文化霸权（cultural hegemony）制造的虚假的意识形态的支配；认为科学技术日益成为一种意识形态，人们盲目崇拜、接受新的科学技术，统治阶级则通过不断提供更新的科学技术而获得了统治合法性。人们的政治生活非政治化，日常生活非生活化，都被技术化。虚假意识形态与科学技术的协同作用的重要表征是文化工业通过技术与市场制造了大众文化，这是一种虚假的、异化的文化。最终，文化成为一种商业消费行为，人的个性成为虚幻的东西。整个社会成为缺乏反思、批判，没有反对意见的单向度的社会，人也沦落为单向度的人。

那么，对社会文化进行批判之后的解决途径在哪儿呢？西方马克思主义总的倾向是从意识、文化、人性、思想的改造中寻找答案。卢卡奇认为关键在于唤醒和确立无产阶级的阶级意识；葛兰西则认为关键是要从统治者那儿夺得思想文化的领导权（文化霸权）；马尔库塞（Herbert Marcuse，1898—1979）、弗洛姆（Erich Fromm，1900—1980）都致力于如何建立一个没有压抑，人的本能欲望和精神创造力都能得到充分发展的人道主义社会；哈贝马斯则认为，社会的一切问题都在于人们交往行为的不合理，他强调要增进交往主体的理性，建立一个交往合理化的社会。西方马克思主义的社会批判最终"被改造成了一种带有乌托邦意图的怀旧的历史哲学

哲学入门 |

（a retrospective of history with utopian intent）"①。

3. 关注叙述话语，走向与文学的合流

后现代历史哲学厌恶思辨的历史哲学，根本不承认历史有什么本质、规律，也对批判的历史哲学、分析的历史哲学关于历史陈述的真值问题不感兴趣，他们关心的是历史学在总体上是以什么样的方式去叙述历史的。他们认为，历史不是科学，而是文学。根本没有原状的历史存在，历史依靠文学性的想象，历史就是讲故事。所以，历史的意义、话语的含义是不固定的。罗兰·巴特（Roland Barthes，1915—1980）认定：审定历史的不是事实，而是可理解性。换言之，不能被理解的事情，即使存在过，也不是历史。历史学家为了达致对历史的理解，必须运用文学的修辞手段，其中最为重要的是隐喻，以隐喻构造了历史事实。历史文本因而与小说无异。海登·怀特甚至断言：进入神话是科学必须运用语言的代价。

通过话语分析，后现代历史哲学家认为，一切文学、文化及其历史都受潜藏于人的语言深处的无意识、深层结构的制约。海登·怀特在《元历史》中总结了历史叙述三个环节：情节设计（浪漫、喜剧、悲剧、讽刺），形式论证（形式、机械），意识形态暗示（保守、激进、自由、无政府）。不同的组合构成不同的叙述模式，不同的模式选择赋予历史叙述以诗性和虚拟性。以往没有意识到这一点的历史哲学其实都是在讲一个自以为是的故事。福柯则通过对癫狂、监狱、性、疾病等历史的研究，认为历史的话语的背后是权力的逻辑。历史是强者的历史，真理是权力意志的话语。社

---

① ［斯洛文尼亚］斯拉沃热·齐泽克、［德］泰奥德·阿多尔诺：《图绘意识形态》，南京大学出版社 2006 年版，第 75 页。

会历史的进步、人的理性本质都是各种话语发明和制造出来的，是地地道道的神话。

在后现代历史哲学看来，以往的历史学、历史哲学叙述都受虚假的意识形态支配，成为极权主义统治的帮凶。他们拒斥对历史的宏大叙事（metanarrative，元叙述）——告别大写的历史，否认和积极解构一切统一、连续、客观、本质、固定的意义，鼓励微小叙事、地方化叙事，倡导差异、断裂、怀疑甚至是混乱的价值。他们认为，这才是民主的表征、自由的保障。后现代历史哲学终于走向了"怎么都行"的相对主义。

思考：

1. 历史哲学在哲学舞台上是如何登场的？

2. 思辨的历史哲学、批判和分析的历史哲学各有什么特征？

3. 如何评价马克思的历史哲学——唯物史观——在历史哲学中的地位？

4. 如何理解人的存在的历史性？

5. 如何理解当代历史哲学的新进展？

第十讲　价值观与哲学价值论

哲学智慧不仅要告诉我们如何认识、改变世界，更要启发我们以价值的思考，给人以意义的指导。真理和价值是人类活动的两大尺度，追求真理和创造价值是人类活动的两大目标，而从终极的意义上说，人们追求真理的目的就在于创造价值。人是一种价值、意义的存在物。哲学价值论或价值哲学在哲学中占据着重要的地位，甚至不少哲学家认为哲学就是价值哲学。

一、哲学价值论的一般理论

哲学从一开始就意味着对价值问题的探讨。古希腊哲学之所以将自己的视线引向宇宙，目的就在于安顿自身。中国哲学、印度哲学在本质上可以说就是一种价值哲学，其重点不在于探讨世界的真，而在于追问我们应该怎么做，"止于至善"更是传统中国为学为人的最高追求。在西方，价值、伦理问题的探讨一直循着理性主义的传统，将之归结为认识、知识的问题，这集中体现在苏格拉底的一句名言中：美德即知识。直到近代英国经验论哲学家休谟的警醒，价值论才逐渐与认识论分离，最终获得了在哲学中的独特地位。

休谟认为，伦理学家们经常不自觉地把"实然"（is）变成"应然"（ought），这是行不通的。价值判断超出认识论范围，与人的信仰、情感、兴趣、文化情景相关。在休谟的基础上，康德首次明确把人的意识活动区分为知、意、情三部分，从而形成其哲学的认识、实践、审美三部分，并强调和突出了实践的优先性。这样就将价值论问题从认识论问题中区分开并凸显出来。哲学家洛采（Rudolf Hermann Lotze，1817—1881）果断而鲜明地把价值观的地位提高到空前位置，把它放在了逻辑学和形而上学（以及伦理学）的顶端，洛采因此成为了哲学价值论的先驱。19 世纪末，在科学学科分化的背景下，曾经作为知识总汇的哲学突然发现自己只落得"李尔王"的下场。于是，"哲学只有作为普遍有效的价值的科学才能继续存在"。在文德尔班看来，

> "哲学有自己的领域，有自己关于永恒的、本身有效的那些价值问题，那些价值是一切文化职能和一切特殊生活价值的组织原则。但是哲学描述和阐述这些价值只是为了说明它们的有效性。哲学并不把这些价值当作事实而是当作规范来看待。"①

在不太严格的意义上，价值泛指人们认为是好的东西，某种因为其自身的缘故而值得估价的东西，这种东西值得人们期望和追求。或者说，价

---

① ［德］文德尔班：《哲学史教程》下卷，商务印书馆 2017 年版，第 471 页。

值乃指包括人在内的事物和现象的意义。总的来说，价值论主要从主体的需要和客体能否以及如何满足主体需要的角度，考察和评价各种事物及主体行为对个人、社会的意义。

一般而言，哲学价值论的研究主要涉及价值的性质、构成、评价等问题。

价值的性质问题本质上是关于价值是什么、价值从何而来的问题。在哲学史上，大致有三种不同的观点。

第一种为客观价值论。这种观点认为，价值完全是独立于人之外客观存在的。价值就存在于世界，存在于各事物本身。客观价值论又可分为两种观点：一种观点认为，每一个具体事物就是自然而然（自在地）具有价值的；另一种观点认为，各个事物的价值是由超自然、终极的实在（如上帝）所赋予的，对于我们人类而言也是客观的。

第二种为主观价值论。这种观点认为，价值完全是主观的，价值的主体是人，如果没有人类，就没有价值。进而，不同的人赋予同一事物以不同的价值。在西方哲学价值论中最普遍的是主观价值论。休谟把价值判断理解为情感的表达，开价值论情感主义之先河，成为西方价值论中影响最广泛的学说。

第三种为实践价值论。这种观点主要是马克思主义的价值论。实践价值论认为，价值是客体满足主体需要的一种意义关系。价值源于客体，取决于主体，但产生于实践。从归根结底的意义上，实践产生价值、实践创造价值、实践实现价值。价值同时具有主体性、社会性和时效性。

关于价值的构成或形态有很多划分方式，比如：

自然价值、社会价值和人的价值。自然价值是价值生成、存在和演化的最初形态。人是社会的存在物，任何人都是人类的一员，同时也从属于特定的民族、国家、组织，社会对于主体的价值是毫无疑问的。人的价值是最为特殊的价值，因为人是实践的存在物，人的价值在本质上是能创造价值的价值。

物质价值与精神价值。物质价值又称功利价值，体现的是人的物质需要的满足，表现为效益和财富。物质价值的满足是人们从事社会、精神活动的基本前提。精神价值是无形的价值，在现实中可以体现为对文化、艺术、科学、道德、宗教、哲学等方面需要的满足。知识价值（真）、道德价值（善）、审美价值（美）是精神价值的不同层次，利、真、善、美统一就达到了最高价值自由。

工具价值和目的价值。作为目的而被追求的价值可以称为目的价值，具有终极性；作为手段而被追求的价值可以称为手段价值或工具价值，具有中介性。有一种观点，如康德认为，人始终是目的，不能充当手段。另一种观点，如萨特认为，个人总是倾向于把别人当作自己的手段。还有一种观点认为，至少在社会与个人、个人与个人之间应该是工具价值与目的价值的统一。马克思对此作了精彩的说明：

> "每个人为另一个人服务，目的是为自己服务；每一个人都把另一个人当作自己的手段互相利用。这两种情况在两个个人的意识中是这样出现的：（1）每个人只有作为另一个人的手段才能达到自己的目的；（2）每个人只有作为自我目的（自为的存在）才能成为另一个人的手段（为他的存在）；（3）每个人是手段同时又是目的，而且只有成为

手段才能达到自己的目的，只有把自己当作自我目的才能成为手段。"①

人人都追求价值，但不同的人在不同历史条件下的需要是不一样的，价值天然具有个体性、相对性、多样性。在生活中，人们总是要自觉不自觉地依据一定的价值标准，对事物进行价值有无、大小、正负的判断，这便是价值评价活动。现实的情况是，每个人的标准都是有着差异的：有些人注重物质，有些人注重精神；有些人注重数量，有些人注重质量；有些人注重自我价值，有些人注重社会价值；有些人注重人们活动的动机，有些人则注重行动的效果；有些人注重目前现实的标准，有些人注重长期的历史的标准；有些人则认为价值的标准就是良心，所谓"公道自在人心"……评价标准的差异其实是价值观差异的体现，价值观的差异就意味着价值冲突在根本上是不可避免的。人与人之间如此，群体之间，民族、国家之间也是如此。如何解决价值观差异导致的价值冲突问题是价值论的重要内容。

二、哲学价值论的主要领域

哲学价值论在本质上与广义的实践哲学是等价的，人们实践活动的领域就是人们价值活动的领域，这些领域包括科学、经济、政治、文化、伦理、宗教、艺术等。鉴于历史传统和现实需要，我们将主要从伦理学、政

---

① 《马克思恩格斯全集》第 30 卷，人民出版社 1995 年版，第 198 页。

治哲学、美学三个方面了解哲学价值论的具体领域及其话语体系。

1. 价值论的伦理学传统

伦理学或道德哲学主要探讨与人的行为方式有关的那些价值问题。一个人可能终生也没有思考过诸如世界的本质之类的本体问题，但他一定在不同层次上多少思考过道德、伦理的问题，因为这些问题就如影相随地出现在人们的生活世界之中。伦理学的哲学追问可以大致归结为如下三个大的问题：什么是道德(what)？我们为什么要道德(why)？我们怎样做才称得上道德(how)？

在西方，道德(moral)与伦理(ethics)的原始含义既与风俗习惯有关，也与个人气质有关。在中国古代，伦理指人伦之理，即人际关系中的规范。"道""德"连用始于荀子，比之于伦理，道德更重个人的修养。康德以后，西方哲学开始明确区分道德和伦理并被广泛接受，大致与中国哲学理解的一致：道德是关涉个人的内在法则，伦理则是关涉社会群体的外在规范。与"什么是道德"密切相关的问题是"什么是善(good)""什么是恶(evil)"的问题。因为伦理学或道德哲学中最基本的问题就是善恶问题，伦理学和道德哲学的基本功用也就是帮助人们明辨善恶，追求善的价值。善是对人的行为或事件的肯定性评价，恶则是对人或事的否定性评价。

我们为什么应该做有道德的人呢？为什么道德自身是有价值的和值得追求的？这是伦理道德的正当性问题。对这一问题的回答主要有两种观点：一是神意论，认为"做有道德的人"是天、上帝、圣人的"立法"与旨意。二是人性论，认为道德正当性的根据就在人性之中。理性主义认为，人是理性的动物就决定了他追求"合理"的生活也即道德的生活；情感主义认为，人生来就具有的同情、怜悯、仁爱之心，道德才是"合情"的；唯意志主义认为，道德不过是人的意志的表象，人有道德是因为道德"合意"。总的看来，人性论的观点是主流，即使是神意论也必然涉及人性的问题。

我们怎样做才是道德的呢？或者说，我们究竟应该如何判断行为的道德与否呢？在伦理学中大致有三种主要的回答：效果论、义务论和德性论。

效果论又叫目的论、功利论，认为人的行为道德与否关键看行为的结果是否有利于增进最大多数人的最大幸福或至少是达到不幸的最小化。也就是说，判断标准是最后的非道德的功利价值标准。边沁、穆勒等功利主义哲学家是效果论的典型代表。

义务论又叫责任论、原则论，认为人的行为道德与否不能从道德以外的价值来判断，道德是一种普遍的原则，遵守它乃是人的责任与义务，而无论遵守的结果是有利还是有害。中国古代哲学家董仲舒"正其义不谋其利，明其道不计其功"（《汉书·董仲舒传》）的说法很形象地阐述了一种原则论伦理观。最著名的义务论者是康德，他在《实践理性批判》中提出了一条"纯粹实践理性的基本法则"：

> "要这样行动，使你的意志的准则在任何时候都能同时被视为一种普遍的立法的原则。"①

在德性（arete/virtue，也作德行）论或存在论看来，效果论和义务论都

---

① 《康德著作全集》第5卷，中国人民大学出版社2007年版，第33页。

太外在了。亚里士多德是西方德性伦理学的创立者，按照他的观点，问题不在于"我应当怎么做"，而在于"我应当是什么样的人""成为"一个有德者远比"做"道德的事更根本；"是（being）"比"做（doing）"优先。中国孔孟之说的基础主要是一种德性伦理学。德性论其实是要求人具有卓越品质、内在美德、高远境界。在此，德性与智慧同一了。

2. 价值论的政治哲学维度

政治哲学是对人们政治生活的规范性哲学反思，重在提出一种"应然"（ought）的构想，对现实的政治进行批判性的引导。从价值哲学的角度看，政治哲学有两个核心的问题：什么样的政府是好政府？什么样的社会是好社会？

对于绝大多数人来说，为了保障公共生活，政府是必须的，问题只在于哪种类型的统治或什么样的政府是我们所期待和愿意接受的。这便是政治合法性（legitimacy）的问题，实质上是政治统治被认同的程度的问题。

在哲学中，最早研究政治合法性的首推卢梭，他认为人民拥有的公意（general will）是政治合法性的唯一基础。迄今对统治合法性研究影响最大的是德国思想家马克斯·韦伯（Max Weber，1864—1920），他把合法性统治分为三种类型：传统型、魅力型和法理型。传统型认为合法性来自传统，如宗法、血缘、习惯、神授等；魅力型的合法性是民众崇拜和服膺政治领袖的超凡个人魅力；法理型的合法性是统治地位因法律而获得，政治权力因法律而保障。在现代社会，人们普遍地倾向于认为，一切公共权力都应该来自宪法并受到宪法的严格约束，这种合法性类型被称为宪政（constitutionalism）。

被统治者认同统治的核心在于统治者能否保障一个美好社会的可能。正如亚里士多德指出的，政治学上的善就是正义。当代政治哲学家罗尔斯（John Bordley Rawls，1921—2002）认为，政治哲学家们大多直觉地确信：

> "正义是社会制度的首要德性，正像真理是思想体系的首要德性一样。"①

在现代社会，正义通常分为两种情况："报应的正义：确保恶人和做坏事的人得其应得。分配的正义：对物资、利益和社会责任的公平配置。"②在现实生活中，人们更为普遍关心的是分配的正义。给予每个人以其应得的东西的意愿乃是正义概念的一个重要的和普遍有效的组成部分。

自由和平等是正义最为基本和重要的两个方面。现代自由的传统一般认为是洛克奠定的，强调财产权、生命权、自由权及保护思想自由、信仰自由、崇尚法治的传统。平等传统一般认为是从卢梭开始的，强调平等价值即同等的政治自由和公共生活的传统。一如英国哲学家伯林（Isaiah Berlin，1909—1997）的划分，自由自身又可以区分为消极自由和积极自由。所谓消极自由是免于限制的自由，积极自由则是主动创造、努力解放获得的自由。平等也可以区分为机会平等和结果平等。现实中人们对自由和平等的追求有可能是相互冲突的，自由往往带来不平等，平等往往意味着不自由。人们在追求正义社会的前提下，对自由、平等的含义及其各自的价值地位与制度安排的认识也总是不一致的，这就形成了不同倾向的政治哲

---

① ［美］约翰·罗尔斯：《正义论》，中国社会科学出版社 2009 年版，第 3 页。
② ［美］罗伯特·所罗门：《大问题：简明哲学导论》，清华大学出版社 2018 年版，第 297 页。

学思潮。在现代的政治哲学中，主要有自由主义、保守主义、社会主义三种思潮。

自由主义(Liberalism)倡导个人主义、普遍主义、改良主义，崇尚保障个人的消极自由、私有财产。保守主义(Conservatism)认为自由优先于平等，强调有限政府，致力于维护现存的制度，注重社会发展的连续性。社会主义(Socialism)视整个社会为一个有机整体，崇尚积极自由和现实的平等，相信解放学说。

人们以各自的理想标准——核心是价值标准——对现实的政治生活进行着不断的批判，引导着现实的政治不断完善。这正是政治哲学自身的价值所在。

3. 价值论的美学视阈

马克思曾经说：

> "动物只是按照它所属的那个种的尺度和需要来构造，而人懂得按照任何一个种的尺度来进行生产，并且懂得处处都把内在的尺度运用于对象；因此，人也按照美的规律来构造。"①

美无疑是有价值的，美是人类行为的重要原则。

美是什么呢？至今没有共识。在现实生活中人们也是"各美其美"。大致来说，关于"美是什么"或美的本质的看法可以归纳为三种重要的观点：主观论、客观论、主客统一论。主观论认为，美在于对象呈现了人的主观情感、观念、心理、欲望，美是由人的主观感觉、情感所创造的，柳

---

① 《马克思恩格斯全集》第3卷，人民出版社2002年版，第274页。

哲学入门

宗元所谓"美不自美，因人而彰"(《邕州马退山茅亭记》)是也。客观论则认为，美要么是对象的自然属性或规律，如事物的比例、秩序、和谐等；要么是对象体现了一种独立于个人的客观理念与精神，如柏拉图就认为美是一种理念，符合这一理念的才是美的。主客统一论又包含着两种观点：一种观点可以称为实践创造说或实践融贯说。主要以马克思为代表，认为美是人在主观见之于客观的实践过程中产生的，劳动实践创造了美，美是人的本质力量的对象化。另一种观点可以称为主客超越说或主客融合说。主要代表人物有庄子、尼采、海德格尔，认为美是超越主客二分的，乃是一种天人合一、万物一体的境界。

在长期的探索中，美学中逐渐形成了一些规范性的范畴和标准，对于自然、社会、人和艺术而言，达到这些标准或者说合乎这些规范就被认为是美的。

优美与壮美(崇高)。优美呈现着美的自由的形式，造成人们感官上的宁静和谐，情感上的平和愉快。壮美(崇高)呈现的是美的冲突、动态的一面，使人产生庄严肃穆的感觉和奋发向上、积极进取的力量。

悲剧与喜剧。悲剧是壮美的集中形态，所表现的是好人遭受厄运与不幸，善良受挫、正义失败、英雄牺牲，目的却在于激发人们崇高之壮美，净化和陶冶人的情操。喜剧则对矛盾冲突中陈旧、过时的生活方式进行揭露、批判、讽刺，用使人发笑的方式体现历史的进步。同时，正是在悲剧、喜剧的冲突中，我们还看到了丑的审美价值——丑也是重要的审美范畴。

典型、意境与显隐。艺术创造的典型说主张艺术创造一定要从特殊的感性事物中反映出普遍性的本质来。意境注重的是人的心灵境界的呈现，讲究传神、有味以及言外之意、韵外之旨。与意境相关的是，古代中国的艺术创造（如书法、山水画）很推崇显（直接）与隐（间接）的统一，讲究朦胧、含蓄之美。海德格尔把哲学与艺术统一起来，讲求存在的诗意，认为诗意就在于有所隐蔽，隐蔽事实上是敞亮的途径。

当代的美学家或艺术哲学家们越来越领悟到美的不可定义性和审美价值的不可捉摸。维特根斯坦就认为，"美的"这个词不过是个形容词，它与感叹词"呵"一样没什么确定意义。艾耶尔更是认为审美判断就是一个情感判断，永远不会比表达"哇""呸"这种情感的句子有更多的意义。

人们追求美总是在具体的社会历史条件下进行的，它与人们求真向善的活动紧密地结合在一起。儒家明确主张"志于道，据于德，依于仁，游于艺"（《论语·述而》），康德把美看成是沟通真与善的桥梁，席勒（Johann Christoph Friedrich von Schiller，1759—1805）把美看成德行的象征。更多的哲学家把真、善看成美的前提，美是比真、善更高的境界。例如，马克思把美看成是合规律与合目的的统一，美是一种自由的境界。

三、哲学价值论的前沿问题

21世纪，面对诸多本质上关涉价值的现实问题，哲学价值论转向如何把现实的价值问题上升为哲学的问题，并致力于使这些问题得到更好的解决。价值中立、风险与代价、个人主义与集体主义、价值共识、文化批

哲学入门

判等问题成为了当前哲学价值论的热点与前沿问题。

"价值中立"（德文 Wertfreiheit，英文 value neutrality 或 value free）问题最早可以追溯到英国哲学家休谟提出的"是"与"应该"的划分。马克斯·韦伯则明确地提出了"价值中立"说，并把它作为科学研究必须遵守的方法论规范原则，认为"一名科学工作者，在他表明自己的价值判断之时，也就是对事实充分理解的终结之时"①。

对于价值中立的问题，存在几个层面的争论。首先，从根本上存不存在价值无涉的客观认识、真理发现的事实？这一点已经为现代的科学哲学证明是不存在的。其次，价值观念应不应该积极地干预科学研究？一些人认为，既然从根本上不可能是价值无涉的，那么价值观念的干预就是正常的。另一些人则认为，尽管从终极的意义上不可能价值无涉，但科学研究过程本身要尽量避免政治化和道德化倾向，客观地研究事实。最后，在现代社会中，作为科学研究方法论的价值中立原则正日益被泛化为一般性的价值原则，延伸出一种"非道德化""去道德化"的倾向。这样的态度是否合适？它对我们的社会将产生什么样的影响？我们应该如何应对？这都是需要进一步研究的问题。

随着社会的发展和价值论研究的深入，人们发现在创造价值时往往要付出一定的代价。那么，创造价值与付出代价是必然还是或然的关系？

代价问题随着所谓风险社会（risk society）的来临而显得更加突出了。风险意味着未来不确定性的极度增长。这种不确定性的本质是一种复杂性，不能用简单的线性因果关系对行为的结果进行预测。以高度发达的科

---

① ［德］马克斯·韦伯：《学术与政治》，商务印书馆 2018 年版，第 27 页。

学技术为支撑的现代文明，不仅创造了人们便捷、舒适的生活，同时也将人们置于不可预见和驾驭的、高度复杂的风险之中。对于价值活动而言，高度复杂的风险就意味着代价的极度不确定。风险意识与代价意识反思性地成为了现代人行动的前结构。

个人主义和集体主义是人类社会中两相对立的价值观。个人主义（individualism）认为，单个的人具有至高无上的和内在的价值与尊严，集体只是满足、实现个人价值的手段。集体主义（collectivism）则认为，集体价值是第一位的，个人利益要服从集体利益，个人只有在增进集体利益和价值中才能实现个人价值。传统上认为，个人主义价值观是资本主义社会的核心价值观，集体主义价值观是社会主义的核心价值观。

事实上，现实情况十分复杂。一方面，在资本主义社会内部存在着集体主义价值观的诉求，例如西方社群主义（communitarianism）的兴起。另一方面，在全球化、市场化的背景下，个人主义价值观在社会主义国家也成了不可避免的存在，不少人天然地拥有着个人主义价值观。个人主义不得不承认公共利益，集体主义不得不承认个人的价值。问题在于，人类的基本价值倾向就是这样的二元选择吗？有没有第三条道路？个人主义与集体主义最终会融合吗？将如何融合？

相对于真理，价值观总是多元的。但是，一个社会乃至整个人类为了达到自己的生存、发展的目的，总是要在差异、多元的价值观中追求一种价值共识。是否可能以及如何在价值差异、多元的条件下达致一种价值共识，即解决价值的"多"与"一"的问题，成为了价值论研究的一个重要问题。目前的讨论主要集中在两个方面：一是语言、文化传统完全不同的民族国家之间是否可能形成一种价值共识；二是在利益多元化、思想多样化的国家内部如何保证一种价值共识。人们关于人类共同价值（Common value）、普世价值（Universal value）的争论属于前者，本质上是讨论价值的普遍与特殊的问题；关于核心价值观和核心价值体系的讨论属于后者，本质上是讨论价值的主导与多样的问题。

价值关注的是存在的应然维度，往往成为对现实进行批判的尺度，而价值观在文化中居于核心的位置。因此，人们依据理想的价值标准对社会现实的批判往往也容易成为一种广义的文化批判。现代市民社会和网络、传媒的发展及自由、民主的制度化，在公共权力（政府）与私人领域（社会）之间逐渐形成了人们社会生活的第三领域，即所谓公共领域（public sphere）。理想的公共领域是一个向所有公民自由开放的，旨在形成公共舆论的，体现公共理性精神的公开批判空间。成熟、健康的公共领域的发育与维续是现代社会成熟、健康的重要标志。不过，不少人指出，由于受到无孔不入的现代资本逻辑的操纵，当代的文化批判已经走向没落，只剩下了文化消费。当然，这本身又是一种文化批判的观点。

思考：

1. 在哲学与真理、哲学与价值的关系中，你认为何者更为根本？为什么？

2. 在道德效果论、道德义务论、道德德性论中，你更愿意接受和履践哪种？为什么？

3. 当今政府是如何促进自己的统治合法性的？评价其成功与不足之处。

4. 如何看待当代社会生活中的"后审美"(审丑)现象？

5. 在价值多元的时代，如何才能达致一种价值共识？

第十一讲　人性论与人的哲学

西方社会一直流传着一个源自古希腊的神话故事：狮身人面的妖怪司芬克斯（Sphinx）盘踞在悬崖边上，让过往的行人猜同一个谜语，猜对的就放行，猜错的就被它吞食。这个谜语的谜面是：有一物，早上四条腿走路；中午两条腿走路；傍晚三条腿走路。谜底是人！其实，这个司芬克斯之谜是一个千古的文化之谜、哲学之谜。正如卢梭所言："人类一切知识中最有用但又最落后的是关于人的知识。"①的确，"认识自我乃是哲学探究的最高目标"②，甚至有不少人认为：哲学即人学。

一、走向人的自我理解

人是思想的动物，当在世界中进行思考时，人、世界、人与世界的关系成为了人最原始的思考对象。无论人们思考的是世界，还是人与世界的

---

① ［法］卢梭：《论人类不平等的起源与基础》，译林出版社 2019 年版，序言第 13 页。
② ［德］恩斯特·卡西尔：《人论》，上海译文出版社 2013 年版，第 3 页。

关系，核心都在于人。或者说，当人们思考世界时，无论自觉与否，人都是在场的，并且是以人为目的的。事实上，无论东西方哲学，对人的哲学理解都贯穿于哲学史。而且，

> "在各种不同哲学流派之间的一切争论中，这个目标(认识人或自我——引者注)始终未被改变和动摇过：它已被证明是阿基米德点，是一切思潮的牢固而不可动摇的中心。"①

在当代社会和哲学研究中，对人的自我理解则更为自觉与必须。这可以从哲学自身逻辑重心的转移和当代现实问题的焦点两个方面来理解。

哲学诞生后，宇宙论及严格的本体论在相当长时间里都是与人无涉的。经由笛卡尔，黑格尔确认"实体即主体"，才将本体与人的主体性结合起来。现代哲学中存在主义促使本体论向生存论转向，马克思主义促使本体论向实践论转向，本体论才真正地与现实的人的存在状态即在世状态紧密地结合在一起。换言之，人们对终极的追求与对人的自我理解交织在了一起。

当认识论发展到它的经典时期时，其所谓的认识主要指对自然的认识，即罗蒂所谓"自然之镜"。然而，在现代哲学中，科学哲学发现认识是以范式存在的，而范式的核心在于人们的信念、习惯与传统；语言哲学最终发现，语言是生活形式的一部分，语言的意义随人们交往的"语言游戏"情境而定；现象学最后则把科学、哲学还原到人们可以直观的生活世界；解释学强调理解的历史性，任何认识都是不同的视阈的融合……在现

---

① ［德］恩斯特·卡西尔：《人论》，上海译文出版社 2013 年版，第 3 页。

代哲学中，认识的历史、价值因素被着重凸显出来，而从根本上说就是人的因素的凸显。

历史哲学在其奠定之时与对人的理解是一体的。例如，维柯开启历史哲学大门的"咒语"就是：人只能认识自己创造的东西，而历史是人创造的。但是，思辨的历史哲学把焦点放到人之外的历史客体上，忽视了人。批判和分析的历史哲学把焦点放在主体上，但更多的把主体理解为是认识历史的主体，主题是研究认识历史的方法。存在主义特别是海德格尔对存在的历史性揭示使得历史哲学与人的哲学合而为一。马克思认为历史不过是人的活动而已，在历史、人、实践的解释学循环中构建的唯物史观也可以称为人学——现实的人及其发展的学说。

哲学价值论主要从主体的需要和客体能否以及如何满足主体需要的角度，考察和评价各种物质的、精神的现象及主体的行为对个人、社会的意义。从归根结底的意义上说，价值是人创造的，也是满足人的需要的，由人来享用的，离开了人，就无所谓价值。在各种价值中，人的价值是唯一可以创造价值的价值，无疑是哲学价值论的重点。可以说，对人的理解是进行价值论研究的前提和基础，哲学价值论的关键问题是对人的理解。

现代哲学整体上呈现出向生活世界回归，向人及其存在聚焦的趋势——似乎又回归到了哲学诞生时的情景。当然，这一趋势也与现代社会面临的现实问题密切相关，因为真正的哲学是时代精神的精华，是思想中把握的现实。

现代社会的诸多现实问题纷繁复杂，归结起来主要表现在四个方面：自然环境问题、社会问题、人自身的问题、科学技术发展的问题。自然环境问题主要是指资源枯竭、环境污染、生态失衡等问题，人们往往称之为自然环境危机。其实，自然界本无所谓危机，造成这些危机的是人，这些危机也是对人而言的，所谓危机也就是危及了人的存在与发展。因此，自然环境危机本质上是人的存在危机。用马克思的话说就是，狭隘的人与人的关系造成了狭隘的人与自然的关系。在当代人类社会的经济、政治、文化、军事各个领域都存在着各种各样的问题，如经济危机、政治腐败、文明冲突、恐怖主义威胁等。但是，社会在本质上是处于关系中的人自身，社会问题的根源在于人与人的关系。全球化与现代性的发展，促使现代人的活动方式发生了根本性的变革，个体的生存焦虑、自我认同危机、人生意义迷失等问题十分突出。这直接的就是人自身的问题。科学技术是人们把握世界、改变世界最为现实的，甚至是第一位的力量。但是，科学技术自身是盲目的，对于人类而言，它具有双刃剑的作用。前述三个问题也无不与科技发展问题相关。科学技术究竟是拯救的力量还是毁灭的力量，关键取决于人。

尽管人们对于人学或对人的自我理解的重要性有着广泛的共识，但如何对其进行学科定位却是莫衷一是。在西方哲学的传统中，对人的自我理解被称为人性论，属于广义的形而上学中特殊形而上学的一部分。康德的著作《实用人类学》，按其内容而言，是哲学史上第一部专门的人学著作。在后来的学科划分中，关于人的体质、语言、社会文化等具有很强科学性的研究逐渐从哲学中分离出来，成为独立的人类学（Anthropology）。但是，即使是在现代西方社会，很多学者仍然把人类学、人性论和我们称之为人学的学问不加区分。在中国，基于对"文化大革命"的反思，从 20 世纪 70

年代末到 80 年代初，掀起了一场声势浩大的关于人性、人道主义和异化问题的大讨论。正是在这场讨论中，现代西方人文主义哲学资源被广泛运用，马克思早期手稿被深度挖掘和诠释，哲学界对于现实的人的研究热情高涨，人学作为一门独立的学问呼之欲出。2002 年中国人学学会(China Hominology Society) 成立，人学作为一门正式的人文学科宣告诞生。

中国人学学会认为，人学是整体地研究人及其存在、本质和发展一般规律的科学。我们更愿意将人学定位于对人的自我理解或对人的哲学思考，强调反思、批判的哲学特质，打开关于人的问题的开放性空间，目的在于领悟和了解人的整体存在图景，为人的发展与完善做出探索。

二、人性与人的本质

人是什么？这是人学最为核心的问题。对于这一个问题的回答事实上可分为三个层面：一是人的天性(human nature) 是什么？二是人与万物尤其是动物相区别的特性(humanity) 是什么？三是人之为人的内在根据(essence of human) 是什么？这些都属于广义的人性论的内容。就现代哲学的观点来看，第一、二层面的内容属于狭义的人性论内容，第三个层面才是人的本质的问题，它是在追问人成为人的内在根据或本体。不过，在哲学史中，这三个层面往往是交织在一起的。

在相当长的时期内，中西方对"什么是人"的追问集中在第一个层面，此即传统的人性论。人们对这个问题的讨论又总是和道德判断交织在一起。各种不同的观点大致可以归纳为四类：人性善论、人性恶论、人性无善无恶论、人性有善有恶论。

中国哲学中孟子是人性善的主要代表。孟子认为，"人之性善也，犹水之就下也。人无有不善，水无有不下"，"仁、义、礼、智，非由外烁我也，我固有之也"（《孟子·告子上》）。孟子的人性论思想成为中国古代人性论的主流。18世纪法国思想家卢梭则认为人性原来都是善的，天生具有同情心和利他倾向。

荀子旗帜鲜明地反对性善论而主张人性恶，他说："人之性恶，其善者伪也。"（《荀子·性恶》）"伪"是人为的意思，也就是说，荀子认为人性本恶，善是后天人为的结果。西方基督教的原罪说是一种典型的性恶论。霍布斯认为，人性是自私或利己的，趋利避害是人的本能。经济学家亚当·斯密把人假设为是自私的，人总是追求自己的利益最大化。此外，奥古斯丁、马基雅弗利、休谟、叔本华的人性论思想都可以归结到人性为恶的观点。

中国最早提出性无善无恶论者是与孟子同时代的告子，他认为，

"性犹湍水也，决诸东方则东流，决诸西方则西流。人性之无分于善不善，犹水之无分于东西也。"（《孟子·告子上》）

西方主张性无善无恶者，首推英国近代思想家洛克。他认为人之初，心都是空如白板，善与恶的心理观念和道德品质，都是后天因素尤其是教育因素造成的。

中国哲学中主张性兼善恶说的代表人物有周代的世硕，汉代的董仲舒、扬雄、王充，唐代的韩愈等。董仲舒有所谓性三品说，即人分上

品(圣人之性)、下品(斗宵之性)、中品(中民之性)。其中,中品的中民之性可上可下、可善可恶。西方哲学中柏拉图、亚里士多德的人性观也可以归纳到性兼善恶说。柏拉图认为人有欲望、激情和理性,当理性能驾驭欲望和激情时,就能获得善;反之,就是恶。亚里士多德也认为人有理性和情欲,人生的目的在于用理性节制情欲于一个合理的状态,从而获得幸福。

哲学家关于人与动物相区分的人性思想归结起来主要有两类,一类强调人的精神属性,另一类强调人的社会属性。

把精神属性看成是人与动物的区别,或从精神属性角度来定义人、揭示人性,这是哲学史上最为常见的方式。所谓人的精神属性是指人是有意识的存在物,是有精神需要、精神能力以及精神生活的存在物,表现在人具有自我意识,能思维,有理性,具有情感、意志等非理性因素。

强调人性的社会属性,即突出人的群体性、交往性、合作性和归属性。在西方亚里士多德最早认为,人是天生的政治城邦动物,天生具有社会本能。中国古代人性论一般强调从道德规范的角度与动物区分,即人是讲究礼、义、廉、耻的。如荀子强调人禽之别在于"明分使群"。马克思主义十分强调人的社会属性,认为即使是人的精神属性,从根本上也从属于社会属性,因为人的思想、意识、情感、语言等都是在社会中形成并在社会中发生作用的。

那么,人之为人的内在根据究竟是什么呢?这就是人性论的第三层含义了,也是严格意义上的人的本质问题。人的本质问题最早由费尔巴哈提出,在此之前,人的本质问题与人性问题是混同的。总的来看,长期以来，人们无非是把人的本质归结为理性与非理性的两个方面，前者是主流，后者有如尼采、柏格森、弗洛伊德等人的非理性主义思想。不过在马克思看来，这些都是一种寻求人的固定不变的人的本质的观点。他关于人的本质的论述中，有两个著名的观点：一是人的本质，在其现实性上，是一切社会关系的总和；二是人是实践的类存在物。显然，马克思并没有给我们一个明确的答案——人的本质到底是什么，而是从"如何可能"的角度告诉我们，应该以什么样的途径、方法去寻找人的具体本质，那就是在人的现实的社会关系和人的实践中去寻找。

当然，有些哲学家尤其是后现代哲学家认为，人根本就没什么本质。法国哲学家福柯宣称"人死了"。他认为，人的问题既不是人类知识中最古老的问题，也不是最持久的问题；我们所理解的那些对于人的规定性都是近代的发明，是一种自欺欺人。如今，这样的人已经如沙滩上的印记，完全被海水销蚀。福柯这样的观点只能合理地理解为：批判以往人们对人的本质的揭示之谬误，提醒了人本身是一种生成的存在，并没有固定不变的本质与人性。

三、自我及其认同

相比于"人是什么"的问题，芸芸众生可能更关心"我是谁"的问题。其实，"我是谁"是在个体层面追问"人是什么"，而"人是什么"是在类的层面追问"我是谁"。"我是谁"的问题又至少包含着三个层面的问题：有我吗？我是什么样的？我如何成为自我？

哲学入门 |

在生活中，我们也经常说，某某人"迷失了自我"，某某人"忘我"地工作；我们说话、写文章，往往动辄"我认为"。那么真的有"我"吗？这个问题看似荒谬，而在哲学中却十分严肃而重要。当然，大多数哲学家，尤其是张扬人的主体性的哲学家都主张有我。自我总是与世界、他者（others）相对而言的。主张有我的哲学的极端情况就是所谓唯我论（solipsism），认为世界及他人都是我的表象或我的创造物。唯我论最典型的代表是19世纪德国哲学家施蒂纳（Max Stirner，1806—1856）的观点，他认为，"我"是宇宙的"唯一者"，是最高的存在，是世界的核心、万物的尺度、真理的标准。

哲学史上也有不少哲学强调无我。佛教就认为"诸法无我"，看清自我的虚幻性乃是觉悟的最高境界。庄子也主张"无己""丧我"，认为"天地与我并生，而万物与我为一"，自我消失在无差别的万物之中。英国经验论哲学家休谟以其怀疑论的思想指出，根本就没有自我，很多哲学家所谓的自我不过是一个由不同的知觉组成的复杂集合。萨特认为，根本就没有既定的自我，自我存在的最大特点就是非实在性，即虚无。在当代哲学特别是后现代哲学思潮中，我们也经常会看到一些否定自我、批判自我的观点。

从本体或逻辑前提上看，在世是人的基本状态，也就是说，我们思考、言说一切都是以自我存在为前提的。但是，无我论的贡献不仅在于以当头棒喝的方式使人摆脱"唯我论"，走向一种博大的境界，而且告诉我们没有既定的自我，自我永远是一个形成中的自我，不断超越的自我。

我是什么样的？这首先是关于自我性质、特征、状态判断的问题。归结先贤们的论述，我们能认识到：（1）自我既是肉身性的存在也是意识性的存在；（2）自我既是历史性的存在也是同一性的存在；（3）自我既是社会性的存在也是私人性的存在。不同的哲学思潮往往侧重强调其中的一些方面。

我是什么样的？还关涉自我的内在结构、心灵秩序与真实自我的问题。在古希腊，从毕达哥拉斯开始就认为每个人都是由灵魂和肉体两部分组成，并把灵魂看成是不死的，可以轮回的。在此基础上，柏拉图认为灵魂是最真实的，而肉体只是理念世界的影像；灵魂本身又由三部分构成：理性、激情和欲望。亚里士多德认为灵魂是肉体的本质，肉体和灵魂不可分离。灵与肉的关系也就成为西方人性论长期讨论的焦点。在基督教文化中，人是上帝创造的，由灵（spirit）、魂（soul）、体（body）这三个部分构成。佛教则认为，人是色（物质）、受（感受）、想（表象）、行（意欲）、识（心识）五蕴因缘和合而成，五蕴各自内部又有着十分复杂的构成，仅仅识就可分为所谓"八识"，即眼识、耳识、鼻识、舌识、身识、意识、末那识、阿赖耶识。中国传统哲学则多从身、心的角度去理解个体的人。

随着西方近代哲学中人的主体地位的凸显，自我问题得到更大关注。笛卡尔通过"我思故我在"的巧妙论证至少达到了三个效果：一是明确把身体与意识（心灵）即身心关系，作为思考问题的平台；二是突出了自我的问题，自我原来是理解世界的阿基米德点；三是把自我理解为思维着的自我，或者说，真实的自我是作为意识的自我。当然，对于思维、意识的理解也有很大的分歧。从柏拉图以来的西方主流思想都把思维、意识主要理解为理性思维；叔本华、尼采等则把自我本质理解为意志；而基尔凯郭尔把自我定义为激情。18 世纪以降，自我被普遍认为是知、情、意的统一。在现代哲学中，詹姆斯、弗洛伊德与米德对自我的分析最为著名。

美国实用主义哲学家詹姆斯可以说是现代自我概念的真正创始人，他把自我分为纯粹自我和经验自我。纯粹自我是主动的我、自知的我，比方说，我们在看到东西或思考问题时，我就是通过纯粹的自我知道我在看、在思考。詹姆斯的纯粹自我近于我们一般所说的灵魂。詹姆斯最突出的贡献是对经验自我的分析。在他看来，经验自我包括所有一切个人可以称为属于他的东西，分为物质自我(material self)、社会自我(social self)和精神自我(spiritual)。物质自我的核心部分是身体，社会自我是一个人在别人心目中的形象，精神自我则是一个人内心的主观存在。

弗洛伊德(Sigmund Frend，1856—1939)认为，我们所谓的"我"其实是由"本我"(Id)、"自我"(Ego)、"超我"(Superego)三部分构成。本我是"利比多"(Libido，性欲)的原始的永恒冲动，属于无意识范围，是欲望的我，遵循着快乐原则；超我是后天社会规范(法律、宗教、道德)中是非标准与价值判断所构成的下意识，即"良心"，是仲裁的我，遵循道德原则；自我就是我们一般理解的意识的自我，它是思维的主体，对本我和超我起着调节的作用，是主宰的我，遵循现实原则。弗洛伊德认为，本我、自我、超我协调的人就是心理正常的人，发生自我认同危机、患有精神疾病的人，其根源就在于这三者的失调。

米德(George Herbert Mead，1863—1931)发展了詹姆斯的自我理论，他认为自我的基本结构是"主我(I)"和"客我(me)"。"'主我'是有机体对其他人的态度做出的反应；而'客我'则是一个人自己采取的一组有组织的其他人的态度。其他人的态度构成了有组织的'客我'，然后，一个人就作为'主我'对这种'客我'实施反作用。"①也就是说，客我是自我采取的"一般化的他者"的立场的自我——作为他者的自我、对象性的自我，而主我则是对这种客我的反应。米德还认为，自我并不是一个实体，而是一个社会过程。有什么样的社会过程就会有什么样的自我。

一个人对"我是谁"的回答就是人的自我认同（self-identity）问题，追问这个问题这是人成之为人的一种特质。所谓自我认同，简单地说，就是知道自己是谁，并对这种自我理解有一种持续、稳定的认同。具体说来，人总是要依据自己的经历，反思性地理解和确认自我，如果受到质询，能够给出理智的描述和解释。藉此，人知道自己所由何来，所往何处，自己在世界中处于一个什么样的位置，知道自己的独特性和这些独特性与整个世界的关系。清晰和确定的自我认同是人存在的重要保障和安身立命的根本要求。

自我认同中最为突出的是社会身份认同。每个人都有自己特殊的社会身份，这也是人与人相区别的重要方面，有些哲学家甚至把这种身份看成人（个人）的本质。在传统社会中，个人的身份基本上是被先验地给定了的，人只有努力去认同和实现这一身份。如中国古代的儒家思想，其三纲五常之礼的修养，都可以看成是增进身份认同的手段，最终要使得名实相符。在现代社会中，更多的社会身份取决于自己的努力。存在主义哲学家萨特认为，我们每个人来到这个世界，都是被"抛入"的。除此我们是绝对自由的，我们的本质完全是由我们自己选择决定的。他提出著名的"存

---

① ［美］乔治·赫伯特·米德：《心灵、自我与社会》，译林出版社 2014 年版，第 193—194 页。

在先于本质"的命题，认为每个人的本质是自我选择、自我设计、自我实现的结果。萨特的观点确实提醒每一个现代人进行思考：我是谁？我想成为谁？我是否已成为我自己？当我们对这些问题进行成熟的思考以后就将发现：成为自我其实就意味着一种自我责任的承担。

四、人生意义与存在的勇气

人最基本的状态是在世，即活着。但是，人为什么应该活着？活着又是为了什么？应该怎样活着？这些是人存在的意义问题，是人的哲学也是全部哲学的最终落脚之处。人存在的意义问题也可以渐次分解为这样几个问题：人生有无意义？人生的意义在于什么？怎样才能实现人生意义。

人的一生有意义吗？大多数哲学家都肯定人生的意义。但也有不少哲学家认为，人生在世本谈不上什么意义。在这些哲学家看来，人生在世，遭受着不断的艰辛、痛苦、灾难、罪恶，最终撒手人寰。轻轻地走了，正如轻轻地来。甚至，死亡乃是一件值得庆贺的事情。存在主义哲学家如基尔凯郭尔、海德格尔，都把存在的基本经验归结为烦、忧虑、孤寂，加缪、萨特还直接点出人生的荒谬性。荒谬，归根结底是一种无意义感。事实上，这些观点都是以极端的方式凸显人生意义的重要性：人生本身无所谓意义，需要我们给予以意义。或者，一如加缪所说，人生的价值和意义就在于证明人生并非荒谬。

对于认为人生有意义的人来说，关于人生意义是什么可能有不同的理解。但在古往今来的哲学家们看来，人生的意义最终可以归结为"幸福"

二字。问题在于，人们对幸福的理解也是不一样的。不仅不同的人对幸福的理解不同，而且同一个人在不同的时间会给出不同的理解。哲学史上关于幸福的不同观点大致可以归结为快乐主义幸福观和道德主义幸福观两类。

快乐主义幸福观认为，幸福和人生的意义在于趋利避害、趋乐避苦。增加利益、享受快乐就是幸福的。古希腊哲学家伊壁鸠鲁就认为，快乐是幸福生活的开始和目的。我们的一切取舍都从快乐出发，快乐乃是至善。而且，肉体的快乐和器官的满足是一切快乐的基础，没有感性的快乐就不会有其他一切快乐或幸福。英国经验论哲学家洛克也把幸福理解为快乐，认为爱慕、欲望、欢乐、希望等是快乐的情感。应该说，在当今社会，这种幸福感天然拥有最多的拥趸。其极端形式便是及时行乐的物质享受主义、纵欲主义。

在西方，很早就有哲学家反对功利主义、快乐主义的幸福观。赫拉克利特曾经尖刻地说：如果幸福在于肉体的快感，那么就应当说，牛找到草料吃的时候是幸福的。德谟克利特也曾说过：幸福不在于占有畜群，也不在于占有黄金，它的居处在我们的灵魂之中。苏格拉底、柏拉图、亚里士多德事实上奠定了西方道德主义的幸福观。亚里士多德承认人是追求快乐的，但认为只有最为平庸的人才会把快乐和幸福等同。

真正的幸福乃是至善，"是灵魂的合德性的实现活动，如果有不止一种的德性，就是合乎那种最好、最完善的德性的实现活动"①。

———————————

① ［古希腊］亚里士多德：《尼各马可伦理学》，商务印书馆 2017 年版，第 20 页。

　　　　　　　　　　　　　　　　　　　　哲学入门　│

中国以孔子为代表的儒家认为只有修德才能得福，孔子特别赞赏他的学生颜回"一箪食，一瓢饮，住陋巷，人不堪其忧，回也不改其乐"（《论语·雍也》）。因为儒家认为"仁者无忧"（《论语·子罕》）。道德主义幸福观中有一种极端的观点则认为，只有限制甚至消灭自己的物质性欲望，才能获得真正的幸福。大多数的宗教都倡导禁欲、苦行，如中世纪的基督教和印度的诸多宗教。这便是一种禁欲主义。在中国哲学中，宋代理学"存天理、灭人欲""饿死事小、失节事大"的思想也可归于禁欲主义。

就哲学的本真精神而言，享乐主义和禁欲主义都不是幸福的合理选项。人生的幸福首先当然是体现在个体的生命安顿上。就个体而言，知情意、感性与理性、身与心的安顿是缺一不可的。其实，即便是持快乐主义幸福观的伊壁鸠鲁也认为，幸福不仅仅在于感性、肉体的快乐，只有同时达到肉体的无痛苦与灵魂的无纷扰才是真正的幸福。肉体的无痛苦需要借助物质生产、科学技术的进步来解决，而灵魂的无纷扰则需要一种思想的功夫、智慧的境界。难怪包括亚里士多德在内的很多哲学家都认为，从事哲学思考、追求智慧是最幸福的事情。不过，个体的生命安顿从来都是在社会中获得的，因此个人的幸福必然与社会、他人有着勾连。一个良好的社会必然把增进每个个体的福祉作为根本目标，而个体也应该在增进全体社会成员的福祉中获得幸福。人们常说"人生的意义在于奉献"，只有从这样的角度才是可理解的。

其实，不仅灵魂的宁静需要智慧，在追求幸福的全过程中，如何很好地处理肉体快乐与灵魂宁静的关系，功利追求与遵守道德的关系，个人幸福与他人幸福、群体幸福乃至人类幸福的关系，等等，都需要"极高明而道中庸"的智慧。佛教中把佛陀尊称为"二足尊"，意思是佛陀是具有圆满幸福和圆满智慧的人。的确，在真正领悟到幸福的真谛的人看来，幸福、德性、智慧是同在的。在哲学家眼中，幸福（eudaimonia，well being）就是一种理想的、好的存在状态，是人的本质得到圆满实现的状态。人们存在的意义乃是为了更好地存在。

人为什么要追求幸福？或者，人为什么要思考人生的意义？回到原点，这起于人对自己在世状态的省悟与反思。正如我们在第一讲中说的，人一旦对自己的在世状态进行反思，就将领悟到自己是有限性的存在。人是在命定的有限性中开掘生命的丰富可能性，从而使得生命富于价值、充满意义。在此意义上，幸福不在于终点，而在于过程。幸福生活是在追求幸福生活的过程中度过的生活。

作为个体的人都有一个共同的大限，那就是人注定有一死。因此，在终极的意义上，人生的意义是来自于对死的领悟与反思。从苏格拉底开始，很多哲学家都确认，真正从事哲学就是学习死亡，学习处于死的状态。加缪则认为，"真正严肃的哲学命题只有一个，那便是自杀。判断人生是否值得，就是回答哲学的根本问题。至于……诸如此类都等而下之，无异于游戏"①。弗洛伊德指出，人总有一种死亡冲动，而全部生活的目的就是死亡。海德格尔认为，当人一出生，他就立即老得足以死去了。也就是人从出生那天起就向着死亡迈进。人只有自由地去就死，才能赋予存在以至高无上的目标。在中国传统哲学中，也特别强调参透生死方得人生的大智慧。在佛教看来，了悟生死才能大彻大悟。用雅斯贝尔斯的话

① ［法］加缪：《西西弗神话》，天津人民出版社 2018 年版，第 3 页。

来说，

　　哲学"要求采取高傲的人生态度，这种态度虽然并不'盼望'死
亡，但把死亡当作一种一直渗透到当前现在里来的势力而坦然承受下
来"①。

　　归根结底，人生幸福并不能从自然意义上超越死亡，人生意义的真谛
在此乃是向死而生，生而幸福。

　　哲学意义上的死亡不仅仅指自然生命终结的那个端点与时刻，而且还
指那些终我一生一直在威胁着我们，试图使我们丧失本真的存在状态，成
为非存在（non-being）的那些东西。如焦虑、空虚、无聊、罪过、孤独、
荒谬等。这种意义上的死亡威胁是我们日常生活中的一部分，是我们存在
的真实和不间断的一部分。

　　面对非存在的危险，我们必须鼓足勇气去生存。正如蒂利希（Paul
Tillich，1886—1965）所启示的，存在的勇气包括个性的勇气和参与的勇
气，拥有最大的勇气是既作为一个个人同时又作为一个参与者而存在。简
单地说，你所做的一切不只是对你来说是重要的，在某种更大的意义上，
它本身就是很重要的。这种勇气的源泉来自基础存在或自在存在、最纯粹
意义上的"上帝"——信仰。在现实生活中，人们在被追问人生的意义的
时候也许都能列举出众多理由或意义。但是，为什么有不少人还会迷失人
生的意义呢？原因在于，生活中具体的理由、意义太过于狭小，甚至是自
相矛盾的，当然也是脆弱的。生存的勇气需要一种终极性的意义，它能把

━━━━━━━━━━

① ［德］卡尔·雅斯贝尔斯：《生存哲学》，上海译文出版社 2013 年版，第 82 页。

生活中的各种小意义统领起来，或者说能在这些小意义遭受倾覆时始终保有一个坚实的根基。基于自由意志而服膺信仰，我们才能获得一种本体性的安全、存在的勇气。信仰照耀和意义牵引下的生活，才可能是真正幸福、美好的生活。

信仰并非只是宗教信仰。正如罗蒂所指出的，在现代社会，

> "对知识分子而言，'哲学'变成了宗教的代用品。它成为这样一个文化领域，在这里人们可以脚踏根基，在这里人们可以找到用以说明和辩护他作为一名知识分子的活动的语汇和信念，从而可以发现其生命的意义"①。

哲学智慧不仅包含着对人生的系统反思，它更从一种超越、终极的意义上观照、牵引着人生。

对于从事哲学学习、研究的人而言，无论自己是否拥有独特的信仰背景，通过哲学的学习、研究与领悟发现自己人生的意义，这正是哲学的大用所在。在哲学的学习和研究中，当我们读得更多、思考得更多、交流得更多，甚至写作得更多的时候，我们就成为拥有特质的人，我们就"改造"了我们自己。正是在自我的不断生成与自觉努力中，人生的意义得以逐渐澄明。当然，关于人生意义的讨论一经开启，就永远也不会终结。但是，从踏入哲学殿堂的那一刻起，我们其实就有了自己的信念：相信思想与智慧的力量！在切近人生问题的诸多方式中，哲学无疑是不可或缺的，甚或是最好的。

---

① ［美］理查德·罗蒂：《哲学和自然之镜》，商务印书馆2017年版，第19页。

思考：

1. 结合哲学史和当代社会现实问题，思考为什么说"人"是哲学的阿基米德点？

2. 如何理解"human nature""humanity""essence of human"之间的差别？

3. 应该如何理解哲学家福柯所说的"人死了"的含义？

4. 如何理解"向死而生"？

5. 思考幸福与快乐、德性、智慧的关系。

6. 结合中国的现实，思考应该如何看待信仰问题。

推荐阅读书目

1.《大问题：简明哲学导论》，罗伯特·所罗门，清华大学出版社 2018 年版。

2.《智慧之路》，卡尔·雅斯贝尔斯，中国国际广播出版社 1988 年版。

3.《哲学与人生》，傅佩荣，东方出版社 2018 年版。

4.《哲学导论》，张世英，北京大学出版社 2016 年版。

5.《哲学通论》，孙正聿，复旦大学出版社 2005 年版。

6.《哲学导论》，王德峰，复旦大学出版社 2019 年版。

7.《哲学导论》，沈湘平，中国社会科学出版社 2017 年版。

8.《哲学导论——智慧的典范》，道格拉斯·索希奥，北京师范大学出版社 2014 年版。

9.《哲学史讲演录》第 1 卷，黑格尔，商务印书馆 2017 年版。

10.《西方哲学史》（上、下），罗素，商务印书馆 2015 年版。

11.《西方哲学史》，梯利、伍德，商务印书馆 2015 年版。

12.《哲学史教程》（上、下），文德尔班，商务印书馆 2017 年版。

13.《印度哲学》，德·恰托巴底亚耶，商务印书馆 1980 年版。

14.《中国哲学简史》，冯友兰，生活·读书·新知三联书店 2013 年版。

15.《东西文化及其哲学》，梁漱溟，商务印书馆 2005 年版。

16.《老子注译及评价》，陈鼓应，中华书局 2009 年版。

17.《论语译注》，杨伯峻，中华书局 2019 年版。

18.《理想国》，柏拉图，岳麓书院 2018 年版。

19.《形而上学》，亚里士多德，商务印书馆 2017 年版。

20.《形而上学导论》，海德格尔，商务印书馆 2017 年版。

21.《哲学和自然之镜》，理查德·罗蒂，商务印书馆 2017 年版。

22.《历史哲学》，黑格尔，北京出版社 2012 年版。

23.《历史哲学导论》，沃尔什，北京大学出版社 2008 年版。

24.《尼各马可伦理学》，亚里士多德，商务印书馆 2017 年版。

25.《生存哲学》，卡尔·雅斯贝尔斯，上海译文出版社 2013 年版。

26.《人论》，恩斯特·卡西尔，上海译文出版社 2013 年版。

27.《西西弗神话》，加缪，天津人民出版社 2018 年版。

后　记

　　2001 年 9 月，刚刚博士毕业留校任教的我受命为哲学系的本科生讲授"哲学导论"，从此开始了相关的学习、研究。2008 年，以讲稿为基础，由中国社会科学出版社出版了《哲学导论》一书，2017 年该书出版了修订版，共计 29 万余字。2009—2015 年，我曾一度离开教育系统，也以为从此作别了有关哲学入门的教育工作。2016 年重返高校后，担任了全校本科生公共选修课"哲学入门"的主讲教师，每学期开一次课，每次都有三四百人选修，学生来自本科不同年级，横跨文理工不同学科，甚至还有一些外国留学生。哲学通俗化一直是件大难事，如此复杂、参差的教学对象，更是有些众口难调。不时有青年朋友反映，能否有更为简洁的入门书籍以供参考。恰逢哲学学院实施"京师哲学教材"工程，命我以十万字的篇幅编写一本《哲学入门》，遂有此书。

　　对于哲学的了解，从宫墙外望到初识门庭，甚或是登堂入室，其路径一定是多样的。哲学犹如一个公共世界，问题不在于我们能否获得一致的看法，而在于我们能否始终从不同的角度关注着同一个它。当我们只从一个角度去看，或者只允许它从一个角度展现自己时，哲学就走到了尽头。这样的理由也是不同的《哲学导论》《哲学概论》《哲学入门》的合法性源泉。本书提供的只是走进哲学的众多路径之一。由于本人水平限制，书中错谬之处必定不少，敬请读者、专家指正！

我的研究生苏冠中、陈永睿、王璇为本书的编写付出了不少辛劳，特致谢忱！

沈湘平

2020 年 5 月 5 日于京师园

图书在版编目（CIP）数据

哲学入门/沈湘平著. —北京：北京师范大学出版社，2021.8
ISBN 978-7-303-27035-4（2024.1 重印）

Ⅰ.①哲… Ⅱ.①沈… Ⅲ.①哲学–高等学校–教材
Ⅳ.①B

中国版本图书馆 CIP 数据核字（2021）第 117230 号

营　销　中　心　电　话　010-58805385
北京师范大学出版社　　http://xueda.bnup.com
主题出版与重大项目策划部

ZHEXUE RUMEN

出版发行：北京师范大学出版社　www.bnupg.com
　　　　　北京市西城区新街口外大街 12-3 号
　　　　　邮政编码：100088
印　　刷：北京盛通印刷股份有限公司
经　　销：全国新华书店
开　　本：730 mm×980 mm　1/16
印　　张：12.25
字　　数：140 千字
版　　次：2021 年 8 月第 1 版
印　　次：2024 年 1 月第 2 次印刷
定　　价：42.00 元

策划编辑：祁传华　　　　责任编辑：祁传华
美术编辑：王齐云　　　　装帧设计：王齐云
责任校对：陈　民　　　　责任印制：赵　龙

版权所有　侵权必究
反盗版、侵权举报电话：010-58800697
北京读者服务部电话：010-58808104
外埠邮购电话：010-58808083
本书如有印装质量问题，请与印制管理部联系调换。
印制管理部电话：010-58808284